W0346462

Gregor Staub

Gedächtnistraining

1
2

Gregor Staub

Gedächtnistraining

Mit Mega-Memory gegen die Vergeßlichkeit

Econ

Faszination und Abenteuer GEDÄCHTNIS

Die erfolgreiche MEMO-TECHNIK erlernen

INHALT

Der SPICKZETTEL – ein intelligentes und wichtiges Hilfsmittel

Wie man sich ABSTRAKTE BEGRIFFE merkt

Wie man sich ZAHLEN besser merken kann

Wie man sich **NAMEN** besser merken kann

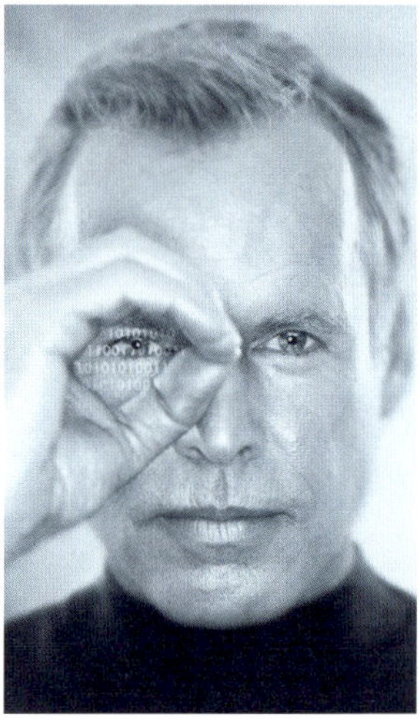

Informationen im **LANGZEITGEDÄCHTNIS** speichern

Vorwort

Nobelpreisträger wie Einstein oder Feynman verdanken ihre genialen Geistesblitze auch der Tatsache, mehr Wissen gespeichert zu haben als andere. Kreative, neue Lösungen lassen sich leichter finden bei möglichst umfassender Kenntnis des bisher Gewußten. Also mit einem ganz außergewöhnlichen Gedächtnis. So hatte Feynman für jede Gleichung, für jedes mathematische oder physikalische Problem ein Dutzend ähnlich gelagerte Gleichungen und beispielhafte Lösungen sofort abrufbar.

Ihr Gedächtnis bestimmt Ihr Leben unmittelbar. Ist ein entscheidender, wohl der Schlüsselfaktor für Erfolg.

Das wußten natürlich schon die Griechen. Es wird Sie nicht überraschen zu erfahren, daß die Griechen die Erfinder einer hochentwickelten Gedächtniskunst sind, die dann wie ihre anderen Künste an Rom weitergereicht wurde und sich über Europa ausbreitete. Die Griechen wußten auch um die Bedeutung dieser Gedächtniskunst: Mnemosyne, so sagten sie, ist die Mutter aller Musen.

Wir alle, die wir die Geschichte von Hannibal Lecter verschlungen haben, haben fasziniert seinen Gedächtnistempel betreten. Einen Tempel, den schon Simonides von Ceos konstruiert hat, den 400 Jahre später Cicero weiterentwickelt und ausgestaltet hat. Gedächtniskunst in höchster Vollendung.

Gerade wer von uns die interessantere, die wesentlich spannendere, die zweite Lebenshälfte gestaltet, weiß, wieviel farbiger das Leben sein kann, wenn man Tatsachen, Wissen, kurz: Bildung festhalten kann. Speichern kann. Jederzeit abrufbar.

Dieses Buch lehrt Gedächtniskunst. Man darf es also im Sinne der Griechen das Buch der Bücher nennen. Eine Anleitung zu wachem Leben

meint lächelnd
Ihr Ulrich Strunz (62)

Faszination und Abenteuer GEDÄCHTNIS

*Liebe Leserin,
lieber Leser,
kommen Sie mit auf eine Reise durch die Möglichkeiten Ihres Gedächtnisses. Schon die alten Griechen wußten, daß unser Gehirn mehr kann, als wir vermuten. Lernen Sie, wie Sie sich langfristig Dinge besser merken können, und freuen Sie sich auf ein Abenteuer.*

»

Bitte stellen Sie sich vor, Sie sind ein vier- bis fünfjähriges Kind, Sie sind neugierig und lassen sich auf ein Spiel ein: die Entdeckung des achten Weltwunders – Ihres Gedächtnisses.

Dabei dürfen Sie auch Fehler machen und brauchen sich nicht darüber zu ärgern, denn Fehlermachen ist ein wichtiger Bestandteil des Lernprozesses. Fehlermachen heißt: Sie haben Ihr Ziel noch nicht erreicht. Wenn Sie sich aber noch eine Chance geben, dann werden Sie ans Ziel kommen. Mit dieser mentalen Einstellung werden Sie dieses Buch optimal erleben können.

Und nehmen Sie sich genügend Zeit. Sie dürfen ohne weiteres das Buch auch mal ein Weilchen auf die Seite legen, um das, was Sie gelernt haben, zu verarbeiten und dann in eine weitere Übung einzusteigen.

Übrigens: Wenn Sie dieses Zeichen sehen 👍, dann sind Sie dran. Dann sollten Sie zu lesen aufhören und eine Übung machen. Nur so können Sie wirklich etwas lernen! Also: Erst mitarbeiten, dann weiterlesen!

Wie alles begann

Bis 1990 war ich ein Mensch, der glaubte, ein schlechtes Gedächtnis zu haben. So richtig bewußt wurde mir das eines Tages im Juli 1986, als ich im Parkhaus B des Flughafens Klothen bei Zürich mein Auto nicht mehr wiederfand. Damals hatte ich die Angewohnheit, mein Auto grundsätzlich in einer der vier oberen Etagen dieses Parkhauses abzustellen, damit ich nicht so lange suchen mußte, wenn ich es wieder abholen wollte. Ich kam von einer Reise aus den Vereinigten Staaten zurück. Ich wollte dringend meine Familie sehen, weil meine Tochter damals sechs Monate alt war und solch kleine Kinder sich ja ziemlich rasch verändern ... Und dann fand ich mein Auto nicht!

Ich überlegte: Habe ich es dieses Mal entgegen meiner Gewohnheit im Parkhaus A abgestellt? Also ging ich hinüber ins Parkhaus A und suchte dort jede Etage ab, pro Etage dauerte das etwa sieben Minuten ... Ich hatte über eine Stunde gesucht, bis ich fest davon überzeugt war: Mein Auto ist gestohlen worden. Also ging ich zu einem Münzfernsprecher – damals gab es ja noch keine Handys –, warf 50 Schweizer Rappen hinein und versuchte, die Polizei zu erreichen beziehungsweise zuerst die Versicherungsgesellschaft. Doch in dem Moment, als ich das Telefon in die Hand nahm, fiel mir ein: Ich war mit dem Zug gekommen!

Einerseits war ich erleichtert, aber andererseits machte ich mir ernsthaft Gedanken: Ich war 32 Jahre alt und schon so vergeßlich! Also begann ich, nach Methoden zu suchen, die mir dabei helfen könnten, die unangenehme Situation, etwas vergessen zu haben, zu vermeiden. Die nächsten Monate und sogar Jahre machte ich mit meiner Frau nur eine Übung: Einkaufen. Ich lernte die Einkaufslisten meiner Frau auswendig, wann immer ich einkaufen gehen mußte, mit dem Nachteil allerdings, daß ich nicht immer alles nach Hause brachte, was darauf stand, weil es mir einfach nicht möglich war, zehn, zwanzig oder gar dreißig Dinge zugleich im Kopf zu behalten. Bis ich dann eines Tages auf die Memo-Technik stieß, eine Methode, die es schon seit der Antike gibt.

Lernen wie die alten Griechen

Was ist die Memo-Technik? Bei dieser Technik handelt es sich um eine altgriechische Lernmethode, die sich die Verknüpfung der beiden Gehirnhälften beim Lernen zunutze macht. Wenn Sie beim Lernen Logik und Gefühle im Kopf koppeln, werden Sie feststellen: Sie können sich mehr Informationen merken. Dies ist eine einfache Tatsache, die sich jedoch theoretisch schwer vermitteln läßt. Sie müssen sie erleben, fühlen und nicht zuletzt üben. Sie müssen am eigenen Leib erlebt haben, daß die Methode funktioniert, denn in der Theorie bringt sie Ihnen nicht den erhofften Erfolg. Das ist, wie wenn Sie Fahrrad fahren lernen wollen und das tun, indem Sie sich mit der Theorie des Fahradfahrens beschäftigen. Sie müssen auf dem Fahrrad sitzen und losfahren, nur dann werden Sie es lernen.

Welche Themen sind interessant?

Das erste halbe Jahr, nachdem ich die Memo-Technik entdeckt hatte, verbrachte ich in der Universität in Zürich – und zwar in meiner Freizeit, denn damals war ich noch kein Trainer – und interviewte Studenten, um herauszufinden, wie sie auf die Technik reagierten. Die Aufgabe war, sich zwanzig Wörter, welche von den Studenten aufgeschrieben wurden, in einer bestimmten Reihenfolge zu merken, sie also durchzunumerieren und sich innerhalb von etwa drei, vier Minuten einzuprägen. Ich konfrontierte die Studenten damit und fragte sie: »Würdet ihr euch für eine solche Technik interessieren? Bringt euch das etwas für euren Studienalltag?« Über 95 Prozent von ihnen schauten mich erst einmal mit großen Augen an, als sie sahen, daß ich so

Schon früh in der Geschichte begannen die Menschen, ihr Gedächtnis zu trainieren.

etwas konnte, und zeigten sich interessiert, die Frage war nun nur: Woran waren sie interessiert? An welchen Themen? An welchen Übungen?

Um das zu beantworten, suchte ich nach Lernbeispielen aus dem Alltag der Studenten und führte ihnen daran die Memo-Technik vor. In solchen ersten Gesprächen und dem Durchspielen der Übungen lernt man viel über den Nutzen der Technik im realen Leben. Das Ziel ist ja nicht, daß Sie eine solche Technik lernen, um bei »Wetten daß ...?« auftreten zu können – obwohl schon einige meiner Schüler das getan haben. Das Ziel ist vielmehr, im alltäglichen Leben Nutzen daraus zu ziehen. Ich hatte Medizinstudenten, Juristen und Betriebswirtschaftsstudenten sowie angehende Lehrer, die ihren Schülern das Einmaleins und auch das Alphabet beibringen müssen. Es waren Geschichtsstudenten und

EMPFEHLUNG

Rufen Sie mich an!

Ich sage meinen Lesern immer wieder: »Rufen Sie mich an, wenn Sie Fragen haben!« Ich versichere Ihnen, daß es tatsächlich bei mir zu Hause im Wohnzimmer klingelt, wenn Sie meine Nummer wählen. Wieso kann ich es mir erlauben, Ihnen bei solch einem heiklen Thema dieses Angebot zu machen? Immerhin sind da draußen mittlerweile ein paar hunderttausend Leute, die meine Technik gelernt haben. Das liegt daran, daß ich praktisch keine Fragen mehr bekomme. Nach dem Erlernen und Üben meiner Technik sind Sie so gut ausgebildet, daß Sie so etwas wie einen Werkzeugkoffer im Kopf haben, den Sie zum Lernen benutzen können, und immer häufiger können Sie sagen: Ich habe ja schon ein ähnliches Beispiel geübt! Jetzt weiß ich, wie es geht.
Und wenn ich doch noch Telefonanfragen und E-Mails bekomme, beantworte ich sie gern, denn ich bin der Meinung, wenn jemand Hilfe braucht, soll er sie auch sofort kriegen. In der Regel bekommen Sie innerhalb eines Tages eine Antwort.

EINE REGEL

Spaß und Erfolg der Memo-Technik hängen im wesentlichen von vier Punkten ab:

1. Sie brauchen ein klar definiertes Ziel.
2. Sie müssen das Ziel erreichen wollen.
3. Machen Sie die Übungen, die für Sie sinnvoll sind.
4. Beginnen Sie mit den Techniken, die Ihnen im Alltag weiterhelfen, das steigert die Motivation und verstärkt Ihren Durchhaltewillen.

Studenten der hebräischen Sprache dabei, die Hieroglyphen an ägyptischen Pyramiden lesen können. Da kam so ziemlich alles an Fragen, was denkbar ist, und interessanterweise stellte sich heraus, daß die Memo-Technik für all das eine Lösung zur Hand hatte.

Das Training mit den Studenten hat mir gezeigt, was man braucht, um die Technik erfolgreich umzusetzen, und wie man sie am besten vermitteln kann. Die Technik selbst ist schnell begriffen, aber die Reihenfolge der einzelnen Methoden und die Beispiele sind wichtig. Damit Sie kein Mißerfolgsgefühl aufbauen, sondern Erfolgserlebnisse haben, wenn Sie merken: Hey, das geht! Und ich darf ja mal einen Fehler machen oder auch zwei oder drei ... Und dann klappt es wirklich!

Noch einmal zusammengefaßt: Wir lernen und üben jetzt die Memo-Technik, bei der in einer sehr praktischen Art und Weise die beiden Gehirnhälften miteinander verknüpft werden. Dabei gehen wir schrittweise vor und erlernen die verschiedenen Techniken anhand von Übungen. Learning by doing sozusagen.

Doch dazu brauchen wir konkrete Ziele. Im folgenden Kapitel werde ich Ihnen die Möglichkeiten der Memo-Technik erläutern, zeigen, wieviel Zeit Sie zum Lernen brauchen, und Ihnen mit ein paar Übungen demonstrieren, wie die Methode funktioniert. Und dann werde ich Ihnen die Frage stellen, was Sie persönlich mit der Technik erreichen wollen.

Die erfolgreiche MEMO-TECHNIK erlernen

Was vergessen die meisten Menschen am häufigsten, und was möchten sie sich unbedingt merken? Bei dieser Frage kommt man auf vier große Themen, unter denen sich alle Lernbedürfnisse zusammenfassen lassen. Sollten Sie noch weitere Themenfelder entdecken, dürfen Sie diese natürlich ohne weiteres hinzufügen.

»

Sich Namen merken

Das erste Thema, das die Leute immer wieder interessiert, ist die Fähigkeit, sich Namen zu merken und sie den Gesichtern zuordnen zu können.

Stellen Sie sich vor, daß Sie in einen Raum kommen, in dem zwanzig, dreißig Menschen sitzen, die Sie nicht kennen, und Sie möchten sich deren ... sagen wir einmal Vornamen merken. Vornamen kann man leichter behalten als Nachnamen, weil es weniger Varianten gibt und sie in der Regel auch kürzer sind. Ohne eine bestimmte Technik dauert es durchschnittlich zwei bis vier Stunden, bis Sie in der Lage sind, diese zwanzig, dreißig Menschen mit ihrem Namen anzusprechen. Und das Problem dabei ist, daß Sie häufig den Namen kurz darauf schon wieder vergessen haben und es peinlich wird, wenn Sie jemandem schon mehrmals begegnet sind und seinen Namen trotzdem nicht wissen. Die Konsequenz ist, daß Sie sich gar nicht mehr ernsthaft darum bemühen, sich einen Namen zu merken, sondern sich damit zufriedengeben, daß Sie eben nur vier, fünf Namen behalten können. Und der Rest? Der hat eben keine Chance mehr.

Mit der Memo-Technik sind Sie hingegen nach ein bißchen Training in der Lage, nach etwa zehn, fünfzehn Minuten jeden Namen zu wiederholen, besser: haben Sie sich den Namen jeder Person im Raum gemerkt.

Namen vorher und nachher lernen

Sie werden Techniken erlernen, die Ihnen helfen, diese Namen auch in drei Wochen noch zu wissen. Sie werden Techniken erlernen, die es Ihnen ermöglichen, sich die Namen noch vor dem Betreten des Raumes anzueignen, mit Hilfe einer Namensliste. Und Sie werden Techniken darüber erlernen, wie Sie den Streß abbauen können, der entsteht, wenn nicht einer, sondern gleich zehn Menschen auf Sie zukommen und sich vorstellen. Das alles sind Strategien, die eine gewisse Übung erfordern, Ihnen aber, wenn Sie sie beherrschen, eine große Hilfe sein können.

EMPFEHLUNG

Nachnamen

Wenn Sie Nachnamen lernen, rechnen Sie einfach doppelt soviel Zeit ein. Doppelt soviel Zeit heißt: Sie brauchen vielleicht eine Stunde für dreißig Namen. Und Sie sind auch zufrieden, wenn Sie 26 abrufen können, denn das Motto lautet ja: Nicht ärgern, wenn Sie einen Fehler machen, sondern nachlernen (nachholen)! Sie werden es immer wieder erleben, daß Sie einen bestimmten Namen nicht wissen und ihn nachlernen müssen – aber das, ohne sich dabei zu ärgern. In jedem Fall sollte Ihr Ziel immer sein, sich die Namen aller zu merken, die Sie kennengelernt haben.

Sich Zahlen merken

Das zweite Thema ist die Fähigkeit, sich Zahlen zu merken. Obwohl die Zahl eigentlich auch nur eine abstrakte Information ist, habe ich dieses Thema separat gestellt, weil ich in meinen Kursen immer wieder merke, daß dies doch ein ganz spezifisches Bedürfnis ist. Nicht alle Leute wollen die Fähigkeit erlernen, sich besser Zahlen merken zu können, weil sie vielleicht gut organisiert sind. Vielleicht haben diese Menschen einen Timer, einen Computer oder ein kleines Handy, in das sie Zahlen eintippen, und sagen sich dann zu Recht: Ich brauche diese Zahlen nicht auswendig zu können, ich habe sie ja festgehalten und finde sie auch wieder. Wenn Sie so jemand sind, dann brauchen Sie sich Zahlen nicht zu merken.

Wenn man sich nichts notieren kann

Und trotzdem stelle ich immer wieder fest, daß es Situationen gibt, in denen ich froh bin, wenn ich mir eine Zahl einprägen kann. Zum Beispiel, wenn ich mein Handy nicht dabei habe, sei es im Schwimmbad oder in der Sauna, beim Skifahren oder Golfspielen, und mir jemand seine Telefonnummer gibt. Und wenn ich dann sagen kann: »Ich kann mir Ihre Telefonnummer merken«, dann löst das schon einiges Erstaunen aus! Die Anerkennung, die ich von anderen Menschen bekomme, weil ich das kann,

obwohl es eine ganz einfache Übung ist, ist erheblich. Schon aus diesem Grund, den anderen beweisen zu können, wie fit ich geistig bin, nehme ich mir gern ein paar Stunden Zeit und lerne das perfekte Zahlengedächtnis. Und wenn Sie wollen, können Sie es immer weiter ausbauen. Hier behandele ich nur einen bestimmten Teil aus diesem Bereich, damit Sie sehen, daß auch Sie sich ein gutes Zahlengedächtnis aneignen können.

Sich mit dem Spickzettel Informationen merken

Das dritte Thema ist vielleicht das wichtigste. Es lautet: Spickzettel. Dabei geht es nicht um den klassischen Spickzettel für eine Prüfung, den Sie natürlich alle kennen, sondern um den Gebrauch von Stichpunkten zum Beispiel für eine Rede. Der Spickzettel ist ja eigentlich nichts anderes als eine Zusammenfassung eines Stoffes, und die Zusammenfassung dieses Lerninhalts, wenn Sie ihn richtig begriffen haben, müßte entsprechend begrenzt sein. Diesen Spickzettel lernt man dann auswendig, damit man ihn bei der Prüfung oder der Rede nicht mehr braucht. Und dabei hilft die Memo-Technik.

Mit wenigen Stichworten frei sprechen

Nehmen wir einmal unser Beispiel: Ich muß vor Publikum über ein Thema sprechen und möchte diese Rede frei halten. Ich gebrauche also keine Moderationskärtchen, dafür aber in der Regel zwanzig bis

GUT ZU WISSEN

In der Kürze liegt die Würze
Je kürzer und präziser ein Spickzettel ist, desto besser. Wenn ich den Stoff aus einem Buch von über 500 Seiten beherrschen muß, dann brauche ich 100 bis 150 Stichworte als Zusammenfassung, um den Lernstoff in meinem Kopf wiederzufinden.

dreißig Stichworte, damit ich zehn bis fünfzehn Minuten frei sprechen kann. Und eine Rede, bei der ich keinen Zettel benötige, bei der ich frei ins Publikum schauen und beobachten kann, wie die Menschen reagieren, wirkt einfach besser. Die Menschen nehmen meine Kompetenz sichtbarer wahr dadurch, daß ich nicht ablesen muß, sondern alles im Kopf habe.

Aber »Spickzettel« kann auch heißen, daß Sie einkaufen gehen, ohne daß Sie einen Zettel brauchen. Sie können sich plötzlich Witze merken. In einem Gespräch können Sie die Argumente leichter behalten, auf die Sie dann auch besser eingehen können. Mit einem »Spickzettel« lassen sich etwa 80 Prozent aller Lernprobleme lösen, und deshalb wird er auch in diesem Buch ein wichtiges Thema sein.

Sich abstrakte Begriffe merken

Das vierte und letzte Thema beschäftigt sich mit der Frage: Wie kann ich mir etwas merken, das nicht bildhaft ist? Etwas, das man nicht sehen, sich nicht vorstellen kann? Abstrakte Informationen, zum Beispiel russische Wörter, französische, italienische, englische, schwierige Namen von Ländern, von Menschen, Mathematikformeln, alles was abstrakt ist, ist für uns Menschen nicht so leicht zu merken.

GUT ZU WISSEN

Bilder denken lernen

Den Trick mit den vorstellbaren Bildern werden Sie bei fast jeder Übung wieder erleben, weil fast alles, was wir uns merken wollen, einen abstrakten Bestandteil hat, den wir in etwas Vorstellbares umwandeln müssen. Das ist sicher der schwierigste Teil der Übungen, dieses Bilder-denken-Lernen.

Vorstellbare Bilder

Nehmen wir beispielsweise die Wörter »Ägypten« und »Burkina Faso«. In den Begriff »Ägypten« hat Ihr Gehirn schon Gedanken investiert, da sind Urlaube, die Sie erlebt haben, Sie sehen die Sphinx und Pyramiden vor sich, wenn Sie an »Ägypten« denken. Sie haben

eine Vorstellung von dem Wort, das ist es, worauf es ankommt. Ihr Gehirn verfügt bereits über ein Netzwerk an Wissen zu dieser Information, und somit können Sie sich diese Information besser vorstellen (und merken). Das ist vielleicht bei einem Wort wie »Burkina Faso« nicht so. Und dann müssen Sie einen Trick erlernen, der es Ihnen ermöglicht, diese Information, dieses Tonbild, das auf Sie zukommt, in ein wirkliches, für Sie vorstellbares Bild zu verwandeln, denn dann werden Sie es leichter behalten.

Lern-Zeit

Die verschiedenen Themenfelder benötigen unterschiedlich viel Trainingszeit. Für ein gutes Namensgedächtnis sind etwa fünf Stunden Training nötig. Beim Zahlenmerken dauert es etwa vier bis fünf Stunden, bis jemand sagen kann: Ich habe das perfekte Zahlengedächtnis. Sich Spickzettel behalten zu können erfordert etwa sechs bis sieben Stunden Training, und das Merken abstrakter Informationen braucht etwa zehn bis zwölf Stunden Übung. Wenn wir das zusammenzählen, ergibt sich eine Faustregel, die ziemlich gut funktioniert: Dreißig Stunden Training einmal im Leben eines Menschen, und Sie können diese Techniken so gut anwenden, wie Sie im Kopf rechnen, lesen oder schreiben können.

Formulieren Sie Ihre Ziele

Nun wissen Sie, welche Möglichkeiten das Gedächtnistraining bietet. Was ich Sie jetzt bitte, ist wichtig: Notieren Sie auf der folgenden Seite mindestens drei, besser noch mehr Gründe dafür, warum Sie dieses Buch lesen. Diese Gründe sollten möglichst klar formuliert sein, etwas wie: »Ich möchte ein wenig

GUT ZU WISSEN

Trainingszeit
Einmal im Leben dreißig Stunden Training, und die Vergeßlichkeit hat keine Chance mehr.

mein Gedächtnis trainieren« ist zu unspezifisch. Die Begründung sollten Sie in der Ich-Form und in der Gegenwarts-Form schreiben. Wenn Sie jetzt nämlich schreiben würden: »Ich will mir französische Wörter besser merken können«, ist das etwas, das Ihr Unterbewußtsein nicht so verarbeitet, wie wir das möchten. Dann *wollen* Sie sich ja vielleicht nur ein Leben lang französische Wörter merken können, aber es bleibt bei dem Wunsch. Also formulieren Sie lieber das Ziel: »Ich kann mir gut französische Wörter merken«, »Ich kann mir gut Namen merken«, »Ich kann mir gut Zahlen merken«, »Ich kann mir gut Witze merken«, »Ich kann mir einen Weg, den mir jemand beschreibt, gut merken«.

Schreiben Sie bitte solche konkreten Ziele auf – mindestens drei auf etwa zehn Zeilen –, und erst, wenn Sie diese Ziele definiert haben, lesen Sie weiter. Tun Sie das bitte jetzt – danke!

Meine Ziele:

Kreativität und Selbstvertrauen

Ich gratuliere Ihnen. Sie haben den ersten wichtigen Schritt getan. Sie haben sich Ziele gesetzt, und wenn man sich Ziele setzt, will man diese auch erreichen.

Sollte auf Ihrer Liste ein Ziel stehen wie »Ich verfüge über mehr Kreativität«, »Ich habe ein größeres Selbstvertrauen beim Lernen« oder »Mein Vorstellungsvermögen ist gesteigert«, dann kann ich Ihnen eine gute Nachricht überbringen: Das sind Nebenprodukte, die Sie ernten werden, wenn Sie diese Technik erlernt haben.

Es macht einfach Spaß, wenn man die Namen der Teilnehmer einer Gruppe beherrscht. Und daß Sie dadurch natürlich ein besseres Selbstwertgefühl bekommen und beim nächsten Mal wieder alle Namen lernen, weil es beim letzten Mal so gut geklappt hat, und das in einem Gefühl der Selbstsicherheit tun, weil Sie wissen, Sie können es, ist selbstverständlich.

Im Folgenden werde ich Ihnen anhand konkreter Beispiele zeigen, wie die Memo-Technik funktioniert.

Warum haften Bilder besser im Gedächtnis?

Ich möchte Ihnen beweisen, daß eine bildhafte, gefühlvolle, geruchreiche und geschmackvolle Information besser in Ihrem Gehirn haften bleibt als eine abstrakte.

Der Mann mit der Tomate

Bitte stellen Sie sich – vielleicht entspannt in einem Sessel sitzend – folgende Geschichte vor: Vor Ihnen steht ein Mann, der hat in seiner Hand eine Tomate. Aus dieser Tomate wächst ein Blümchen, eine Erika. Jetzt kommt der Nikolaus, schnappt sich diese Blume und geht damit Golf spielen. Immer wenn er den Ball ins Loch trifft, freut er sich und spielt Musik auf einer Ziehharmonika. Aufgrund dieser Musik kommt Königin Elisabeth, und zwar im Ferrari von Michael Schumacher.

Lesen Sie die Geschichte vielleicht noch einmal, und dann schließen Sie bitte kurz das Buch oder legen Sie es für einen Moment auf die Seite, nehmen Sie ein Blatt Papier und schreiben Sie diese kleine Geschichte auf. Sie werden feststellen: Obwohl die Geschichte ziemlich schräg ist und auch unverständlich, können Sie sie nach vielleicht zwei Versuchen perfekt niederschreiben.

Also tun Sie das bitte jetzt: Lesen Sie die Geschichte noch einmal, schreiben Sie sie auf und kommen Sie zum Buch zurück.

Was für eine komische Geschichte, aber: Es hat funktioniert! Oder?

MEIN TIP

Eine eiserne Regel

Wenn Sie bei einer Übung mal keinen Erfolg haben, geben Sie sich noch eine Chance! Ich nenne diese Methode: »Management by falling on your nose«. Das heißt, Sie müssen wieder aufstehen, wenn Sie umgefallen sind, dann stellt sich der Erfolg auch ein. Sie können versichert sein, mit dieser Technik werden Sie in jedem Fall, nach spätestens fünf oder sechs Versuchen, erfolgreich sein.

Wenn nicht, dann versuchen Sie es bitte noch einmal.

Kommen wir zu der Frage: Was haben Sie gelernt? Stellen Sie sich einmal vor, ich wäre Deutschlehrer und möchte meinen Schülern etwas über den Roman »Die Buddenbrooks« von Thomas Mann erzählen. Dabei bin ich der Meinung, es wäre sinnvoll, wenn sie etwas mehr über den Autor wüßten. Zum Beispiel würde ich den Schülern gern beibringen, wie die sechs Kinder von Thomas Mann heißen. Und wenn sie diese Namen dann können, haben die Schüler schon eine Vorstellung von dem Autor im Kopf und sind interessierter an dem Stoff als davor, wo sie noch keine Ahnung davon hatten, wer Thomas Mann eigentlich war.

Dies ist nur ein Beispiel, aber es trifft zu: Wenn ich im Unterricht die Geschichte von dem Mann mit der Tomate erzähle, erzeuge ich einen wesentlich höheren Aufmerksamkeitsgrad bei meinen Zuhörerinnen und Zuhörern, und sie lernen ganz nebenbei die Namen der sechs Kinder von Thomas Mann. Denn der Mann mit der Tomate ist Thomas Mann: Tomate ist Thomas, Mann ist Mann, und so geht es weiter:

Tomate Mann – **Thomas Mann**
Das Blümchen Erika – seine älteste Tochter **Erika Mann**
Der Nikolaus – **Klaus Mann**
Golf spielen – **Golo Mann**
Ziehharmonika – **Monika Mann**
Königin Elisabeth – **Elisabeth Mann**
Michael Schumacher – **Michael Mann**

Können Sie sich vorstellen, daß es mit dieser Geschichte gelingt, einer ganzen Schulklasse innerhalb kürzester Zeit die Namen aller sechs Kinder von Thomas Mann beizubringen, und noch dazu in der richtigen Reihenfolge? Es ist so. Demnach ist es für unser Gedächtnis einfacher, sich solche Bilder zu merken, anstatt die bloßen Namen. Das liegt daran, daß Bilder, die wir kennen – die Tomate kennen wir, Königin Elisabeth kennen wir, Michael Schumacher kennen wir –, in unserem Gehirn Assoziationen hervorrufen, wenn wir sie hören oder lesen, Verknüpfungen mit bestehendem Wissen, und deshalb werden diese Informationen merkbarer. Wenn Sie Pech haben, haben Sie in Ihrem Kopf keine Information, die ähnlich ist, wenn Sie das Wort Golo hören, und vergessen die Information wieder. Das Wichtige bei dieser Übung ist, daß Sie erkannt haben, daß Bilder beim Merken von Informationen helfen.

GUT ZU WISSEN

So geht es leichter
Wenn man zu einer Information in der Vorstellung ein klares Bild hat, kann man sich die Information leichter merken.

Das Klavier

Nehmen wir ein anderes Beispiel. Vor kurzem fragte mich meine Tochter: »Papa, welche Töne liegen beim Klavier auf den weißen Tasten?« Was sie wußte, war, daß das C links von den beiden schwarzen Tasten in der Zweiergruppe liegt. Die Tastatur eines Klaviers hat immer eine Zweiergruppe und eine Dreiergruppe von schwarzen Tasten im Wechsel. Die weißen Tasten befinden sich zwischen den Gruppen, und auf der weißen Taste neben der schwarzen Zweiergruppe beginnt die Tonleiter. Doch für ein Kind ist es schwierig, die Tasten von C – D – E – F – G – A – H – C durchzählen zu müssen, um einen bestimmten Ton zu finden. Also habe ich die Tasten mit klaren Vorstellungen belegt und meiner Tochter so innerhalb von drei Minuten beigebracht, wo sich welcher Ton befindet.

Ich habe die beiden schwarzen Tasten in ein Bild verwandelt, ebenso wie die drei schwarzen Tasten. Die zwei schwarzen Tasten wurden zu einem Tor, einer Tür, die drei schwarzen Tasten wurden zu einer Brücke, einem Viadukt. Meine Tochter konnte sich das sofort vorstellen: Die zwei schwarzen Tasten waren die Tür und die drei das Viadukt. Dann habe ich gesagt: Links von der Tür steht Cäsar, und rechts von der Tür steht sein Elefant. In der Mitte der Tür steht einer, der schmeißt mit Dosen auf mich. Mit dem Resultat, daß sie, wenn ich auf die weiße Taste links neben der schwarzen Zweiergruppe zeigte, »C« sagte (Cäsar) und »E«, wenn ich auf die rechts davon wies, weil da ja der Elefant steht, und wenn ich auf die Mitte zeigte, sagte sie »D«, weil da einer mit Dosen schmeißt.

Nach einer weiteren Minute habe ich gesagt: Neben dem Viadukt steht links ein Flugzeug und rechts ein Hund. Mit dem Resultat, daß meine Tochter, wenn ich fragte: Was steht links vom Viadukt?, »F« antwortete (Flugzeug), und rechts vom Viadukt?, »H« sagte, weil da ja ein Hund steht. Daß die nächste weiße Taste dann wieder das C ist, hat damit zu tun, daß immer wieder nach dem H das C kommt und somit die Reihe geschlossen ist. So blieben uns nur noch zwei Tasten, nämlich die Bögen des Viadukts. Dazu habe ich ihr folgendes erzählt: Im ersten Bogen sitzt ein Mann, der spielt Gitarre (G), im zweiten Bogen ißt ein Mädchen eine Ananas (A). Das hat gereicht.

Dadurch daß ich konkrete Bilder erzeugt habe, die sie sich vorstellen und mit dem Klavier, mit der Tastatur assoziieren konnte, hat meine Tochter die Tastenbelegung gelernt. Ich weiß nicht, wie viele Tausende Kinder sich mühevoll beibringen müssen, auf welcher Taste welcher Ton liegt. Mit diesem Trick

kann man sich sofort merken, wo zum Beispiel ein A liegt, denn man weiß sofort: zweiter Bogen vom Viadukt, und zeigt auf die richtige Taste. Auch hier hat sich wieder gezeigt, daß bildhafte Vorstellungskraft wesentlich hilfreicher beim Merken ist als technische oder theoretische Erklärungen.

Doch das ist noch nicht alles. Es bleibt die Frage, wo die Bilder, die ich gelernt habe, im Kopf abgelegt werden. Wo habe ich meine Informationen gespeichert und wie finde ich sie wieder?

Briefkästen im Kopf

Ich nenne die Orte im Kopf, an denen unsere Informationen gespeichert sind, gern »Briefkästen«, weil man sich das Wort gut merken kann. Ich frage in meinen Seminaren immer: »Sagen Sie bitte, warum finden Sie eigentlich Ihre Post immer so schnell, wenn Sie nach Hause kommen?« Dann grinsen die Teilnehmer – ist ja logisch, weil sie einen Briefkasten haben. »Stellen Sie sich doch jetzt einfach mal vor«, sage ich dann, »Sie hätten einen kreativen Postboten. Der legt die Post mal in den Kühlschrank, mal bringt er sie in den Garten, legt sie unter einen Baum oder auch mal unters Bett oder in die Badewanne. Wie lange haben Sie Spaß an solch einem Menschen? Vermutlich drei Tage, ähnlich wie beim Ostereiersuchen.«

Doch Spaß beiseite: Wir finden die Post, weil wir wissen, wo sie liegt. Und genau dasselbe Problem muß auch unser Gedächtnis lösen.

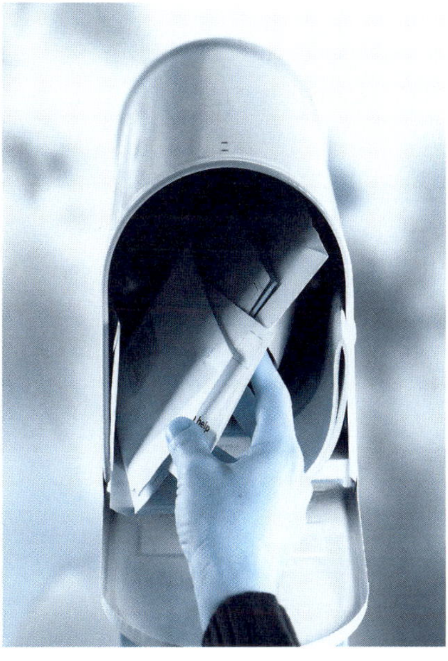

Wir müssen ein System im Kopf errichten, das es uns ermöglicht, Dinge so abzulegen, daß wir sie wiederfinden. Natürlich brauche ich nicht nur einen solchen Briefkasten im Kopf, ich brauche Hunderte. Die gute Neuigkeit lautet: Das kann unser Gehirn problemlos bewältigen. Sie brauchen nur die richtige Technik.

Die vier wichtigsten Techniken

Es gibt eine Vielzahl von Möglichkeiten, wie Sie dies lernen können, und auch verschiedene Arten von Briefkästen. Ich werde Ihnen jetzt die wichtigsten mir bekannten Techniken zeigen und sie dann mit Ihnen üben. Denn nur beim Üben verstehen Sie, wie sie tatsächlich funktionieren und wie Sie sie in Ihrem Alltag anwenden können. Dabei üben wir an Beispielen aus Ihrem Umfeld, mit denen Sie sich identifizieren können und die Sie vielleicht sogar Ihren gesetzten Zielen näherbringen. Aber auch wenn ein Thema dabeisein sollte, das Sie nicht interessiert, lassen Sie sich trotzdem auf die Übung ein, denn die Techniken hängen alle eng miteinander zusammen, und Ihr bildhaftes Vorstellungsvermögen und logisches Denken werden in jedem Fall trainiert. Wenn Sie zum Beispiel mit Zahlen lernen und üben, obwohl Sie gar nicht daran interessiert sind, schult Sie das trotzdem.

Die Körperliste

Bei der Körperliste numerieren Sie Ihre Körperteile von unten nach oben der Reihe nach durch und benutzen dann diese Punkte, die Sie ausgewählt haben, also Ihre Körperteile, als Briefkasten.

Die Raumliste

Diese Technik kennen wir aus der Literatur. Sie wurde von Cicero ebenso angewandt wie von Leonardo da Vinci. Leonardo da Vinci hat in seinem Kopf eine fiktive Kathedrale entwickelt. In dieser Kathedrale konnte er sich gedanklich bewegen. Und so funktioniert auch die Raumliste. Verschiedene Gegenstände in einem bestimmten Zimmer werden als Briefkasten genutzt. Diese Raumlisten sind für mich mit Abstand die effizienteste Art und Weise, solche Briefkästen aufzubauen.

Zahlenbilder

Außerdem gibt es eine Liste mit Zahlenbildern, die ich auch gern »Baumliste« nenne. In dieser Liste werden Zahlen in Bilder verwandelt. Das ist eine häufig angewandte Methode.

Geschichten

Die vierte Methode, die wir lernen werden, ist die Fähigkeit, sich Geschichten zu merken und dann auf sie zurückzugreifen. So wie die Geschichte von Thomas Mann.

Im Laufe dieses Buches werden Sie immer wieder die Gelegenheit haben, anhand von konkreten Beispielen diese Methoden zu erproben. Ich wünsche Ihnen viel Vergnügen dabei! Sollten Sie eine Lernblockade haben oder sich unsicher fühlen, nehmen Sie mein Angebot wahr und rufen Sie mich an. Dann haben Sie jemanden, der Sie motiviert, nicht aufzugeben, sondern weiter zu üben.

GUT ZU WISSEN

Buchstaben, Silben und Symbole

Nicht nur Zahlen können in Bilder umgewandelt werden, sondern auch Buchstaben oder Silben. Auch diese Techniken werden Sie in diesem Buch kennenlernen. Manchmal ist es dagegen sinnvoll, Symbole zu finden.
Wann welche Technik angewandt wird, hängt von der Information ab, die Sie sich merken wollen.

Der SPICKZETTEL – ein intelligentes und wichtiges Hilfsmittel

Der Spickzettel ist eine intelligente Zusammenfassung von Informationen gleich welchen Umfangs. Er kann zehn, fünfzig oder auch hundert Stichpunkte enthalten, je nachdem, welche Inhalte er beschreibt. Hat man ihn dann erst einmal mit Hilfe der Memo-Technik im Kopf abgespeichert, ist er jederzeit abrufbar.

»

Auf diese Weise lassen sich auch komplexe Inhalte leicht merken.

ÜBUNG

Wegbeschreibung

Sie, liebe Leserin und lieber Leser, erhalten von einem Telefongesprächspartner eine Wegbeschreibung zu seinem Haus. Das klingt dann, wenn Sie sie nur gesagt bekommen – und das geht ja in der Regel auch relativ schnell –, etwa so: »Sie fahren bitte bei der Ausfahrt ›Rosenheim‹ von der Autobahn runter, und fahren links. Sie fahren dann so lange, bis Sie zu dieser Esso-Tankstelle kommen, da fahren Sie bitte wieder links. Dann fahren Sie zwei Ampeln weit, und bei der zweiten Ampel fahren Sie dann rechts bis zu diesem Baumarkt. Beim Baumarkt fahren Sie dann links in die Wilhelm-Busch-Straße bis zur Hausnummer 10.«

Wenn Sie das jetzt gelesen haben, merken Sie schon, wie schwierig es ist, sich zu behalten, wann es nach links und wann es nach rechts geht. Und wie heißt diese Straße noch gleich? Dabei habe ich den Straßennamen bewußt bildhaft gewählt, manchmal ist er ja weitaus weniger bildhaft.

Folgende kleine Übung hilft Ihnen, sich diese Wegbeschreibung so zu merken, daß Sie den anderen nicht noch einmal anrufen und fragen müssen: »Wie war das noch? Links oder rechts?«

Bitte stellen Sie sich folgendes Bild in Ihrem Kopf vor: Sie sehen zunächst einmal diesen Menschen, mit dem Sie gerade telefoniert haben, damit Ihr Gehirn weiß, wo es suchen muß (er ist Ihr erster Briefkasten), und dieser Mensch steht inmitten von Rosen. Das ist dann die Rosenheim-Abfahrt, zwar nicht die Rosen-Abfahrt, aber diese Information wird Ihnen Ihr Gehirn dann schon liefern. Daß es um die Rosen*heim*-Abfahrt geht, brauchen Sie also gar nicht auswendig zu lernen.

Im Moment steht der Mann in den Rosen, und hinten bei den Rosen steht eine Leiter. Sie sehen, ich verwandle das Wort »links« in ein vorstellbares Bild, und zwar das der Leiter. Oben auf der Leiter sehen Sie eine Esso-Tankstelle. Damit Sie sicher sind, daß Sie an einer Esso-Tankstelle vorbeikommen müssen, nicht an einer BP- oder einer Aral-Tankstelle, oder wie sie alle heißen, stellen Sie sich einfach vor, die Leute an der Tankstelle sind gerade beim Essen. An der Esso-Tankstelle steht ein Löwe. Für »links« habe ich diesmal den »Löwen« genommen, damit es ein wenig Abwechslung gibt. Wichtig ist nur, daß das Wort mit »L« beginnt. Dieser Löwe hat zwei Lichtampeln in seiner Schnauze. Auf der zweiten Lichtampel sitzt eine Ratte. Sie steht für »rechts«. Diese Ratte rennt in einen Baumarkt. In dem Baumarkt kauft die Ratte ein Buch von Wilhelm Busch. Auf diesem Buch ist ein Licht. Das ist dann wieder »links«. Und wenn ich dann auf diesem Licht oben noch eine Bibel sehe, weiß ich, es handelt sich um die Hausnummer 10, denn die Bibel hat zehn Gebote.

Wenn Sie diese Geschichte jetzt noch einmal durchgehen, dann sehen Sie folgendes: Ihr Gesprächspartner steht inmitten von Rosen, dahinter befindet sich eine Leiter, auf ihr ist eine Tankstelle, an der Leute sind, die essen. Dann steht da ein Löwe, der zwei Ampeln in seiner Schnauze hält. Auf der zweiten Ampel sitzt eine Ratte, die rennt in einen Baumarkt, kauft ein Buch von Wilhelm Busch, auf dem ein Licht brennt und eine Bibel liegt.

Wenn Sie diese Geschichte nun gelesen haben, würde ich vorschlagen, daß Sie das Buch mal schnell auf die Seite legen und die Abfolge noch einmal durchgehen und dann versuchen, den Weg hinzuschreiben in Form von Stichpunkten: Rosenheim – links – Esso-Tankstelle – wieder links – zwei Ampeln – danach rechts – Baumarkt – Wilhelm-Busch-Straße Nummer 10. Wenn es Ihnen gelingt, die Wörter in dieser Reihenfolge hinzuschreiben, können Sie sicher sein, daß Sie den Weg in der Reihenfolge abfahren können.

Machen Sie diese Übung jetzt. Und kommen Sie dann wieder zum Buch zurück.

Toll! Ich denke, das hat ganz gut geklappt. Ich wollte Ihnen mit dieser Übung beweisen, daß es viel einfacher ist, sich etwas Abstraktes wie »links« oder »rechts« oder »zehn« in Form eines Bildes vorzustellen und zu behalten. Wichtig ist natürlich, daß man über solche Bilder

verfügt. Zum Beispiel habe ich mir für alle Buchstaben des Alphabets ein Bild ausgedacht.

Die Buchstabenliste

Ich nehme für das A einen Anzug, für B einen Baum, für C einen Cent. Dann kommt für D eine Decke, E ist ein Elefant. F steht für Familie, G ist eine Gitarre, H ist ein Hammer, I ist ein Igel, J ist ein Joghurt, K ist ein Kaugummi, L ist ein Löwe, M ist eine Maus, N ist ein Nashorn, O sind Ohren, P ist ein Pullover, Q ist eine Quelle, R ist ein Radio, S steht für Sand oder Staub, T ist ein Telefon, U ist eine U-Bahn, V ist ein Vogel, W steht für Windel, X kann eine Straßenkreuzung sein, weil die so aussieht, Y ist vielleicht ein Champagnerglas, Z steht für Zoo.

Jetzt sind alle Buchstaben des Alphabets in Bildern dargestellt. Wie wär's, wenn Sie sich nun mal das ganze Alphabet aufschreiben und daneben die Bilder notieren würden, für die Sie sich entschieden haben. Und wenn Sie sich dann einen einzelnen Buchstaben merken müssen – zum Beispiel für eine Etage im Parkhaus oder in einer Mathematikformel, oder Sie wollen sich einen Buchstaben in einem Fremdwort merken –, können Sie auf die Liste zurückgreifen und sicher sein, daß es sich um diesen und keinen anderen Buchstaben handelt.

Wenn Sie ein Fremdwort haben, das mit P und nicht mit B geschrieben wird, dann sehen Sie für P einen Pullover oder Polizisten und für B eine Banane oder einen Baum vor sich und können sich entscheiden. Der Zweck dieser Übung besteht darin, daß Sie für jeden Buchstaben ein klares Bild entwickeln.

Tun Sie das jetzt und kommen Sie dann zurück zum Buch.

GUT ZU WISSEN

Variieren erlaubt

Bedenken Sie: Die Bilder sind nicht fix, sondern dürfen variieren. Für E kann ich zum Beispiel auch mal den Esel nehmen anstelle des Elefanten oder für W das Wasser. Wichtig ist nur, daß Sie klare, eindeutige Bilder wählen.

Die Buchstabenliste

A		N	
B		O	
C		P	
D		Q	
E		R	
F		S	
G		T	
H		U	
I		V	
J		W	
K		X	
L		Y	
M		Z	

Schön, wir haben in dieser Übung zwei Dinge gelernt. Erstens, daß eine Wegbeschreibung, wenn man anhand von Stichpunkten eine kleine Geschichte daraus macht, wesentlich effizienter zu merken ist, als wenn man sich die Beschreibung nur anhört. Zweitens sind Sie jetzt in der Lage, jeden Buchstaben in einem klaren Bild darzustellen, was Ihnen in der Zukunft erheblich helfen wird.

ÜBUNG

Einkaufsliste

Wir werden jetzt eine fiktive Einkaufsliste auswendig lernen. Nicht, daß es im Leben wirklich wichtig ist, Einkaufslisten auswendig zu können, aber es ist eine gute Übung, weil alle Dinge auf einer solchen Liste leicht vorstellbar und nicht abstrakt sind.

Bitte lesen Sie die folgende Liste der zwanzig Wörter durch und versuchen Sie, sich so viele Begriffe wie möglich zu merken. Dann lesen Sie sie ein zweites Mal, schließen das Buch, warten fünf Minuten und schreiben nun die Wörter auf.

Ihre Einkaufsliste

1. Milch
2. Radieschen
3. Salat
4. Honig
5. Eier
6. Kaffee
7. Handtücher
8. Senf
9. Paprika
10. Plastikteller
11. Batterien
12. Kakaopulver
13. Ersatzlampe
14. Tomaten
15. Windeln
16. Kartoffeln
17. Verlängerungskabel
18. Zucker
19. Schneeschaufel
20. Katzenstreu

Gut, Sie haben jetzt also diese zwanzig Wörter gelesen und die aufgeschrieben, die Sie noch wußten. Sollten Sie das noch nicht getan haben, tun Sie das jetzt bitte noch schnell. Es ist wichtig, daß Sie ein Erlebnis von Vorher und Nachher haben. Diejenigen, die es probiert und gemerkt haben, so richtig ging es nicht, kann ich beruhigen. Wenn ich in einem Seminar zwanzig solcher einfachen Wörter vorgebe, können die Teilnehmer nach der Übung meist bis zu zehn auswendig. Aber nicht in der vorgegebenen Reihenfolge mit den dazugehörigen Nummern. Zehn Wörter – das ist der Durchschnitt bei einem normal lernenden Menschen. Ich möchte Ihnen mit dieser Übung beibringen, wie man sich zwanzig solcher Worte, die zugegebenermaßen noch bildhaft sind, sehr effizient merken kann. In einem nächsten Schritt können Sie dann lernen, was man tut, wenn die Wörter etwas abstrakter sind. Nicht mehr so bildhaft.

Die Raumliste

Zuerst einmal lernen wir die zwanzig Wörter unserer Einkaufsliste. Dazu brauchen wir die erwähnten Briefkästen, also die Fähigkeit, im Kopf Informationen so abzulegen, daß man sie wiederfindet, wenn man sie einmal gelernt hat und dann sucht. Ich werde Ihnen jetzt etwas Ähnliches beibringen wie Leonardo da Vincis fiktive Kathedrale, in der er sich bewegte. Darum geht es auch in dieser Übung. Wir werden aber keine Kathedrale bauen, sondern etwas, das wir uns besser vorstellen können, zum Beispiel eine Wohnung. Wir nehmen ein Schlafzimmer und ein Badezimmer und werden dieses Schlafzimmer und dieses Badezimmer mit jeweils zehn Wörtern aus der Einkaufsliste gedanklich belegen.

Ich nehme jetzt bewußt ein fiktives Schlafzimmer und fordere Sie nicht auf: Gehen Sie in Ihr Schlafzimmer und belegen Sie es. Denn Ihr Schlafzimmer kann ich nicht beschreiben, weil ich es ja nicht kenne. Bei einem fiktiven Schlafzimmer haben alle Leserinnen und Leser dieses Buches die gleichen Voraussetzungen und können dieselben Briefkästen erstellen. Die zweiten zehn Briefkästen werden sich im Badezimmer befinden. Auch dies wird ein fiktiver Raum sein.

Das Schlafzimmer

Stellen Sie sich vor, Sie sind in einem Schlafzimmer und sehen ein Bett. »Bett« ist das erste Wort in diesem Schlafzimmer, 1.

Auf dem Bett liegen ein Kopfkissen und eine Bettdecke. Das sind die Plätze 2 und 3. Ihre Liste beginnt also mit »Bett«, dann folgen »Kopfkissen« und »Bettdecke«.

Dann sehen Sie einen Nachttisch, auf dem Nachttisch steht ein Wecker, Nummer 4 und 5. Das sind die ersten fünf Wörter.

Nun sollten Sie sich diese fünf Wörter noch einmal vor Augen führen, indem Sie schnell die Augen schließen und sagen: »Bett, Kopfkissen, Bettdecke, Nachttisch, Wecker.« Stellen Sie sich diese fünf Informationen bildhaft und möglichst lebendig vor, dann kommen Sie zurück zum Buch.

Gratuliere! Das hat doch wunderbar funktioniert! Jetzt gehen wir weiter.

Der nächste Briefkasten ist die Schublade von diesem Nachttisch, Nummer 6.

Und dann sehen Sie einen Vorhang, 7, hinten an der Wand hängen.

Und wenn Sie neben dem Vorhang durchs Fenster hinausschauen, sehen Sie zuerst den Mond, 8, und dann die Sterne, 9.

EMPFEHLUNG

Reihenfolge

Um sich die Reihenfolge merken zu können, empfiehlt es sich, eine Regel anzuwenden. Ich gehe zumeist vom größeren zum kleineren Teil. Manchmal mache ich Ausnahmen, aber meistens verfahre ich so. Eine andere Möglichkeit besteht darin, einen Raum zum Beispiel von links nach rechts durchzugehen, oder von oben nach unten.

Und dann sehen Sie noch vis-à-vis an der Wand einen Kleiderschrank, 10, stehen. Nun haben wir diese zehn Briefkästen gelernt und können sie aufsagen: Bett, Kopfkissen, Bettdecke, Nachttisch, Wecker, Schublade, Vorhang, Mond, Sterne und Kleiderschrank.

Jetzt möchte ich Sie bitten, das Buch wegzulegen, ein Blatt Papier zu nehmen und diese zehn Wörter in der richtigen Reihenfolge aufzuschreiben. Wenn es nicht funktioniert, lesen Sie einfach den Text noch einmal; tun Sie das so lange, bis Sie die zehn Wörter in der richtigen Reihenfolge zusammenkriegen, und kommen Sie dann wieder zum Buch zurück.

Okay. Das hat doch gut funktioniert. Das gleiche können wir jetzt für die noch fehlenden zehn Plätze im Bad machen, und dann haben Sie ein Raster im Kopf, das es Ihnen ermöglicht, sich die zwanzig Dinge auf der Einkaufsliste in relativ kurzer Zeit, etwa zwei, drei Minuten, so zu merken, daß Sie sie morgen noch aufsagen können, numeriert, vorwärts und rückwärts. Dies erzähle ich Ihnen deshalb, damit Sie motiviert sind, den nächsten Raum auch noch zu lernen.

MEIN TIP

Fixpunkte

Als zusätzliche Hilfe kann ich Ihnen noch einen Trick verraten. Definieren Sie die 5. und 7. Position in einem Raum genau. Zum Beispiel so: Ihre Hand, die ja fünf Finger hat, stellt morgens den Wecker ab. Dann wissen Sie automatisch: 5 ist »Hand«, weil die ja den Wecker (5) berührt hat. Oder Sie stellen sich vor, daß hinter dem Vorhang die sieben Zwerge stehen, dann wissen Sie automatisch: Die sieben Zwerge, das ist mein »Vorhang«, also »Vorhang« ist in diesem Raum die Nummer 7.

Das Badezimmer

Beginnen wir bei der Badewanne, 1.

Nach der Badewanne kommt der Duschschlauch, 2.

Auf dem Rand der Badewanne gibt es einen Schwamm, 3, und eine Seife, 4. Sie sehen also auch, in dem Fall, wo es unklar wird, in welcher Reihenfolge, nehme ich immer zuerst das größere und dann das kleinere Objekt. Schwamm und dann die Seife.

Dann kommen die Badetücher, an denen ich meine Hände abtrocknen kann. Damit ist der fünfte Punkt auf der Badezimmerliste mit der »Hand«, unserem Hinweis auf die 5, markiert: Badewanne, Duschschlauch, Schwamm, Seife, Badetücher. Schließen Sie kurz die Augen und lassen Sie die fünf Worte in dieser Reihenfolge an Ihrem geistigen Auge vorüberziehen.

Tun Sie das jetzt und kehren Sie dann zum Buch zurück.

Hat gut funktioniert, denke ich, gehen wir weiter, oder möchten Sie die Wörter noch einmal wiederholen?

Das nächste, was Sie sehen, ist der Medizinschrank. Das ist in der Regel das kleine Glaskästchen mit Spiegel, das oberhalb des Waschbeckens hängt. Dieser Schrank ist Nummer 6 in diesem Raum.

Und dann sehen Sie das Waschbecken, und darin schwimmen die sieben Zwerge. Sie haben sofort die 7 markiert.

Dann sehen Sie noch den Rasierapparat und die Zahnbürste. Das wären dann die 8 und die 9.

Daneben entdecken Sie die Toilette, 10. Ob Sie sich bei der Toilette jetzt die Schüssel selbst vorstellen oder das Spülbecken, die Spüleinrichtung oder irgendein Detail, ist eigentlich nicht so wichtig. Wichtig ist, daß Ihr Gehirn weiß, worauf es sich konzentrieren muß.

Jetzt haben Sie die zehn Dinge im Badezimmer beieinander: Badewanne, Duschschlauch, Schwamm, Seife, Badetücher, Medizinschrank, Waschbecken, Rasierapparat, Zahnbürste und Toilette.

Es wäre wieder an der Zeit, daß Sie das Buch kurz weglegen, die zehn Wörter in der genannten Reihenfolge hinschreiben und dann wieder zum Buch zurückkommen. Tun Sie das jetzt.

Gratuliere! Nun müssen Sie alle zwanzig Dinge, beginnend mit den zehn im Schlafzimmer bis zu den weiteren zehn im Badezimmer, noch einmal aufschreiben oder zumindest im Kopf kurz durchdenken. Sie müssen absolut sicher sein, welches Bild an welche Position gehört. Wenn Sie »7« hören, dann müssen Sie gedanklich sofort beim »Vorhang« sein, wenn Sie »17« hören, dann sind Sie natürlich beim »Waschbecken«, denn wenn man die beiden Listen zusammenhängt, dann ist der 7. Punkt der zweiten Liste der 17. Punkt in der Gesamtliste.

Lassen Sie sich ruhig Zeit, bis Sie die Liste auch wirklich perfekt beherrschen. Es ist mir lieber, wenn

GUT ZU WISSEN

Lern-Killer Unsicherheit

Ein absoluter Lern-Killer ist die Unsicherheit. Wenn Sie zum Beispiel etwas aufschreiben, sich aber gar nicht sicher sind, daß Sie das, was Sie gerade schreiben, auch morgen noch lesen können, weil Sie es vielleicht nicht mehr entziffern können, würden Sie es wahrscheinlich gar nicht erst aufschreiben wollen. Und so ist es auch mit dem Kopfrechnen: Wenn Sie nicht mit Sicherheit wüßten, daß Sie das Kopfrechnen beherrschen, würden Sie sich auf eine Preisverhandlung ohne Taschenrechner gar nicht erst einlassen.

Beim Lernen-Lernen ist es dasselbe. Wenn Sie nicht wirklich geübt und selbstsicher sind und nicht genau wissen, wovon Sie überhaupt reden, weil Sie die Sache mit den Räumen im Kopf, den Briefkästen, nicht richtig verstanden haben, dann werden Sie sie kaum anwenden. Also meine Bitte: Gehen Sie lieber ein wenig langsamer vor und versichern Sie sich immer wieder, daß Sie eine Übung wirklich beherrschen, bevor Sie zur nächsten gehen. Nur dann ist der Lernerfolg garantiert.

Sie dabei etwas verweilen, anstatt gleich weiterzulesen und dann die nächsten Schritte nicht nachvollziehen zu können.

Toll! Wir haben jetzt zwanzig Briefkästen, die Sie in Ihrem Kopf so installiert haben, daß wir uns über ihren Inhalt einig sind. Wenn ich also sage: Auf der Gesamtliste ist der Punkt 5 der Wecker, dann nicken Sie. Bei 10 sehen Sie einen Schrank und bei 13 sehen Sie ... Sie dürfen ruhig einen Moment nachdenken, bis Sie den Schwamm finden, aber Sie müssen sich sicher sein, daß es der Schwamm ist. 15 sind die Badetücher und so weiter.

Nun geht es darum, sich die zwanzig Punkte der Einkaufsliste so einzuprägen, daß Sie sie ohne Fehler alle benennen können, und das noch dazu in der richtigen Reihenfolge, mit den dazugehörigen Nummern. Wenn Sie jetzt also Lust auf ein richtig spannendes Erlebnis haben, dann lesen Sie weiter.

Die Raumlisten belegen

Ihr Gehirn hat nun also gespeichert, daß der Punkt 1 auf der Liste das Bett ist. Das erscheint Ihnen jetzt logisch, denn es ist anschaubar und Sie können es sich vorstellen. Nun kommt ein zweiter Schritt hinzu. Wenn Sie sich jetzt vorstellen, daß Sie unter Ihr Bett, quasi als eine Art Notproviant, eine Tüte Milch stellen, liegt die Chance, daß, wenn Sie an »Bett« denken, Ihr Gehirn auch noch das Wort »Milch« mitliefert, bei etwa 99 Prozent. Wenn Sie unters Kopfkissen rote runde Radieschen legen, dann ist es sehr wahrscheinlich, daß Sie sagen: Nummer 2 auf der Liste sind »Radieschen«, weil Sie ja wissen, daß Nummer 2 »Kopfkissen« bedeutet. Sie decken sich nicht mit einer Bettdecke zu, sondern mit Salat. Stellen Sie sich das möglichst deutlich vor. Fühlen Sie den Salat. Er ist vielleicht feucht oder etwas gummiartig, Sie riechen den Salat vielleicht sogar.

Sie sehen den Nachttisch, seine Form erinnert vielleicht ein wenig an ein Honigglas. Damit haben Sie für den Nachttisch ein visuelles Bild geschaffen und beim Salat vielleicht ein gefühlsmäßiges, durch die Vorstellung davon, wie er sich anfühlt. Beim Radieschen habe ich vielleicht die Farbe gesehen oder mir vorgestellt, ich beiße hinein und schmecke den relativ scharfen Geschmack. Die Milch, das war vielleicht einfach die Milchtüte, und Sie spüren den Durst, wenn Sie nachts trinken. Es geht also darum, daß Sie möglichst viele Gefühle, die Ihnen passend erscheinen, in diese Bilder einbauen. Und wenn Sie sich jetzt noch beim Wecker vorstellen, daß die beiden Klingeln – bei so einem alten Wecker, wo der Schläger hin- und herschwingt – wie Schalen, also Eierschalen aus-

MEIN TIP

Mit allen Sinnen

Je mehr Gefühl Sie in die Bilder einfließen lassen, desto besser. Malen Sie sie sich plastisch aus, versuchen Sie, die Dinge zu riechen, zu schmecken und zu fühlen. So prägen sie sich noch leichter ein.

EMPFEHLUNG

Fehler zulassen

Lassen Sie Fehler zu. Wenn Sie nur drei von zehn Wörtern aufschreiben können, dann ist das auch kein Problem. Allerdings haben Sie dann die Technik wahrscheinlich nicht richtig angewendet. In diesem Fall lesen Sie den Abschnitt bitte einfach noch einmal durch. Wenn Sie sieben oder acht Wörter richtig hatten, bewegen Sie sich im Normalbereich. Dann können Sie die zwei, drei, die Sie nicht wußten, noch einmal nachlesen und sich eine zweite Chance geben und die Liste vielleicht noch einmal hinschreiben, bis Sie alle Wörter können.

sehen, dann haben Sie die Eier auf Position 5.

Nun haben Sie fünf Gegenstände von der Einkaufsliste im Schlafzimmer abgelegt und gelernt. Wenn Sie jetzt unters Bett gucken, sehen Sie die Milch. Unter dem Kopfkissen sehen Sie Radieschen. Die Decke ist aus Salat gemacht. Der Nachttisch sieht aus wie ein Honigtopf. Der Wecker ist aus Eiern gemacht. Damit können Sie diese fünf Dinge der Einkaufsliste ohne Probleme im Gedächtnis abrufen.

Wenn Sie sich jetzt vorstellen, daß in der Schublade des Nachttisches eine Tasse Kaffee steht, und Sie dann gedanklich diese Nachttischschublade öffnen, spüren Sie förmlich, wie Sie aufpassen müssen, daß der Kaffee nicht verschüttet wird, und können sich bei Punkt 6 das Wort »Kaffee« merken. Vielleicht benutzen Sie Ihre Vorhänge im Schlafzimmer als »Handtücher«. Möglicherweise gibt es Flecke auf den Vorhängen und sie sind feucht. »Senf« und »Mond« – da malen Sie sich vielleicht mit einer Tube Senf den Mond grün an oder gelb, welche Farbe Sie eben mit Senf verbinden. »Paprika«, da sehen Sie vielleicht entweder kleine rote oder grüne Paprikasterne, oder – das wäre dann für diejenigen, die eine Paprika nicht so richtig vor Augen haben – Sie stellen sich vor, auf den Sternen sitzt Papa. Paprika. Mehr braucht man in der Regel nicht, um Paprika sagen zu können. Und im Kleiderschrank vis-à-vis im Schlafzimmer stehen Plastikteller, warum, weiß ich nicht,

ach, die stehen einfach da drin. Und jetzt können Sie die zehn Dinge problemlos im Kopf abrufen und auch niederschreiben.

Ich werde die Liste noch einmal wiederholen, dann legen Sie das Buch beiseite und schreiben die ersten zehn Wörter nieder.

Also: Unterm Bett war die Milch. Unterm Kopfkissen Radieschen. Salat war die Bettdecke. Wir hatten Honig beim Nachttisch, Eier beim Wecker, Handtücher beim Vorhang, den Senf beim Mond, Paprika bei den Sternen, und die Plastikteller waren im Schrank.

Also legen Sie jetzt das Buch weg und schreiben Sie die ersten zehn Wörter auf – mal sehen, wie gut das geht.

Toll! Jetzt, denke ich, haben Sie ein Erfolgserlebnis gehabt, weil es richtig Spaß gemacht hat. Und so soll es ja auch sein: Die ganze Technik soll Spaß machen und Erfolgserlebnisse erzeugen.

Wir gehen sofort zu den nächsten zehn Worten und dem Badezimmer. Da sind erst einmal die Badewanne und das Wort »Batterien«. Wenn Sie sich jetzt eine Batterie vorstellen, die so groß ist, daß Sie darin baden können – vielleicht wird das Bad mit der Energie der Batterie geheizt –, dann haben Sie schon gewonnen. Was für ein lustiges Bild: Aus dem Duschschlauch spritzt Kakao (für »Kakaopulver«), in Ihrem Schwamm liegt eine »Ersatzlampe«, Ihre Seife hat den Geschmack von »Tomaten« und die Handtücher bestehen aus »Windeln«, dann haben Sie doch eine sehr klare Vorstellung von den Dingen auf der Liste. Sie sehen die Batterien, aus dem Schlauch kommt Kakao, die Ersatzlampe liegt im Schwamm, nach Tomaten riecht Ihre Seife, und die Windeln sind Ersatz für Ihre Handtücher. So können Sie bereits die nächsten fünf Wörter lernen.

Zum Beispiel haben Sie in Ihrem Medizinschrank »Kartoffeln«. Im Waschbecken liegt ein »Verlängerungskabel«. Das wäre sicher ein Bild, das Ihr Gefühl anspricht, denn in dieses Wasser möchte man nicht hineinfassen, weil man dann ja einen Stromschlag bekommen könnte. Damit will ich sagen: Je verrückter und dramatischer die Bilder sind, desto besser. Sie sehen vielleicht auf Ihrem Rasierapparat »Puderzucker«, und ich versuche mit meinem Zahnbürstchen, Schnee zu schippen – das ist das Wort »Schneeschaufel«, und »Katzenstreu« schütte ich dann ins Klo, vielleicht steht ja sogar das Katzenklo daneben. Und schon können Sie die nächsten zehn Wörter der Liste auswendig.

Wir beginnen bei Badewanne, dann sagen Sie Batterien, Duschschlauch – Kakao, Schwamm – Ersatzlampe, Seife – Tomate. Sie sehen die Windeln bei den Handtüchern, haben Kartoffeln im Medizinschrank, das Verlängerungskabel liegt im Waschbecken, Puderzucker auf dem Rasierapparat. Die Schneeschaufel ist die Zahnbürste, und Katzenstreu gehört ins Klo.

Legen Sie nun wieder das Buch beiseite und schauen Sie mal, ob Sie von diesen zehn Wörtern vielleicht schon sieben oder acht hinschreiben können. Wenn Sie schon alle beherrschen, noch besser, aber nehmen Sie es bitte so, wie es kommt. Streß ist fehl am Platz und wieder gilt: Sie haben drei Versuche, und erst danach überlegen Sie, ob Sie vielleicht die Strategie ändern sollten. Tun Sie das jetzt und kommen Sie dann wieder zum Buch zurück.

War das nicht eine tolle Erfahrung? Sie sind jetzt in der Lage zu sagen: Ich suche den 7. Punkt auf meiner Raumliste, und dort versteckt sich der 7. Punkt meiner Einkaufsliste: beim Vorhang sind meine Handtücher. Und bei Punkt 9 sehe ich die Sterne und die Paprika, beim Schwamm die 13 und die Ersatzlampe. Plötzlich wissen Sie, wo der 15. Punkt im Kopf verstaut ist, denn dort befinden sich die Handtücher, und da finden Sie natürlich auch die Windeln. Denn: Sie können nur etwas finden, wenn Sie wissen, wo Sie suchen müssen. Das ist der Trick.

In diesem Beispiel waren die Bilder alle relativ gut vorstellbar. Es wird etwas schwieriger, wenn die Worte abstrakt sind, aber wir werden im Weiteren immer mal wieder abstrakte Wörter lernen, bis wir dann vielleicht sogar einmal eine Liste von Wörtern lernen, die nur

noch aus abstrakten Begriffen besteht. Und dann werden Sie sehen, daß es, wenn Sie abstrakte Informationen in Bilder verwandeln können, eigentlich keine Grenzen mehr gibt. Wenn Sie das beherrschen, können Sie sich alles merken, was Sie möchten.

Sich Witze merken

Auch auf das Risiko hin, daß ich jetzt Witze erzähle, die Sie schon kennen oder die Sie vielleicht gar nicht lustig finden, schreibe ich Ihnen nun fünf kurze Witze auf, und Sie versuchen sie sich mit ein paar Stichpunkten so zu merken, daß Sie sie auch morgen noch erzählen können.

Ich habe tatsächlich eine kleine Witzliste in meinem PC. Warum habe ich die? Weil ich zwei- bis dreihundert Witze kenne und sie immer mal wieder erzählen will. Und dann lerne ich sie mit der Technik, die auch Sie nun lernen werden. Wenn ich zum Beispiel abends eingeladen bin, wähle ich vielleicht zehn Witze aus meiner Liste aus, von denen ich finde, es sind die richtigen für den Abend, und die lerne ich dann auswendig für diesen Anlaß. Ich werde mich hüten, alle zweihundert Witze auswendig können zu wollen, weil ich sowieso nie alle zweihundert Witze erzählen werde.

Sherlock Holmes beim Zelten

Sherlock Holmes und Doktor Watson sind beim Camping. Sie gehen um zehn Uhr abends ins Zelt, um zu schlafen. Irgendwann in der Nacht weckt Holmes Watson aufgeregt und sagt: »Watson, schauen Sie mal nach oben, was sehen Sie?« Und Watson schaut nach oben und sagt: »Ich sehe die Venus, die gerade untergeht, und den großen

MEIN TIP

Seien Sie faul!

Seien Sie ein wenig pragmatisch beim Anwenden dieser Techniken. Seien Sie nicht zu perfektionistisch, sondern lernen Sie wirklich nur das Minimum, das, was unbedingt nötig ist.

Wagen, und ich schätze, es ist etwa 0.15 Uhr.« »Falsch!«, sagt Holmes, »das Zelt ist gestohlen worden!«

Welches Stichwort habe ich für diesen Witz wohl auf meiner Witzliste notiert? Ich würde sagen, »Sherlock Holmes und Zelten« oder »Camping« reichen vollkommen, mehr brauche ich nicht.

Der Witz vom Osterhasen

Ein kleiner Junge, neun Jahre alt, geht zu seinen Eltern und sagt: »Wir müssen jetzt mal Klartext reden. Erstens: Ich weiß, der Weihnachtsmann existiert nicht, denn ich habe die Kleidung vom Weihnachtsmann bei Papa im Kleiderschrank gefunden. Und zweitens weiß ich: Der Osterhase existiert auch nicht, denn ich habe den Korb mit den Eiern und die Hasenohren in der Nachtkommode der Mutter gefunden ... Und drittens: Daß der Storch existiert, der die Kinder bringt, das könnt ihr auch vergessen, denn ich weiß inzwischen, daß Kinder geboren werden ... Und den Bohrer, den find ich auch noch!«

Welches Stichwort wählen wir jetzt? Wahrscheinlich reicht »Osterhase und Weihnachtsmann«.

Die Frage ist nur: Wie finden Sie diese Stichworte in einem Tag oder einer Woche wieder? Indem Sie eine unserer Listen nehmen und diese mit den Stichworten belegen. Sie können zum Beispiel Ihre Badezimmerliste nehmen und sagen: Ich sehe auf dem Badewannenrand ein Zelt stehen, in dem Watson und Holmes sitzen. Mehr brauchen Sie sich gar nicht vorzustellen. Und daß beim Duschschlauch ein Weihnachtsmann und ein Osterhase mit einem Storch herumlungern. Damit haben Sie diese beiden Witze perfekt auf Ihrer Badezimmerliste abgelegt.

Der Bär, der Hase und der Fuchs

Ein Bär, ein Hase und ein Fuchs kommen zum Arzt, um sich vom Militärdienst befreien zu lassen. Sie überlegen sich, was Sie dem Arzt wohl erzählen könnten, damit er sie freistellt. Der Fuchs schlägt dem Hasen vor: »Schneid dir doch die Ohren ab, einen Hasen ohne Ohren können sie sicher nicht gebrauchen.« Das tut der Hase, kommt fröhlich lachend zurück und sagt: »Ohne Ohren haben die mich nicht gewollt! Das war's, ich bin frei.« Sagt der Bär zum Fuchs: »Schneid dir doch deinen schönen

Schwanz ab, einen Fuchs ohne Schwanz werden sie nicht nehmen.« Gesagt getan, er kommt wieder raus und sagt: »Haha! Die haben mich nicht gewollt, denn einen Fuchs ohne Schwanz wollen die nicht haben.« Nun überlegt der Bär angestrengt, und der Fuchs macht ihm einen Vorschlag. Er nimmt seine Faust und haut dem Bär alle Zähne raus. »Einen Bären ohne Zähne werden die nicht nehmen.« Der geht rein zum Arzt, kommt nach drei, vier Minuten traurig wieder raus. Fragen ihn die beiden: »Was ist denn? Haben die dich trotzdem genommen?« »Nö«, nuschelt der zahnlose Bär, »bin zu groß und zu dick!«

Das ist ein hübscher Witz, aber was mach ich, damit ich ihn morgen noch weiß? Stellen Sie sich Ihre Toilette vor, davor liegt ein Bärenfell, auf dem ein Hase und ein Fuchs hocken, und schon haben Sie den Witz beisammen.

Die drei Braumeister

Der Braumeister vom »Löwenbräu«, der Braumeister vom »Paulaner Bier« und der Braumeister vom »Berliner Kindl« heben einen. Der Paulaner trinkt natürlich ein Helles seiner Marke, der Löwenbräu-Mann vielleicht ein Dunkles von seiner Marke, der Berliner-Kindl-Mann jedoch trinkt erstaunlicherweise eine Coca-Cola. Fragen ihn die beiden anderen: »Hör mal, wie kommt es, daß du eine Cola trinkst?« Antwortet der: »Na, wenn ihr beide kein Bier trinkt, dann trinke ich auch kein Bier!«

Bei diesem Witz löst sicher schon ein Bierkrug die Erinnerung aus. Aber ich stelle mir in meinem Waschbecken eine Flasche Bier oder drei Flaschen Bier vor. Sehen Sie zu, daß Sie sich möglichst wenige Stichwörter merken, und Sie werden feststellen, daß es gar nicht vieler Worte bedarf; es müssen nur die richtigen sein.

Der Mann und die Schafherde

Ein gutgekleideter Mann sitzt in einem schönen Auto und fährt einen Berg in Schottland hinauf. Da kommt plötzlich eine riesige Schafherde und versperrt ihm den Weg, so daß er nicht weiterfahren kann. Kommt der Schäfer dazu, und der

Mann fragt den Schäfer: »Wenn ich Ihnen exakt sagen kann, wie viele Schafe Ihre Herde hat, würden Sie mir dann ein Schaf als Andenken schenken?« Der Schäfer antwortet: »Klar. Sie haben garantiert keine Chance. Zählen Sie mal.« Der Mann zieht einen Computer aus einem Fach in seinem Auto und rechnet mit irgendwelchen Formeln, während er über das Land und die Bäume blickt, so lange, bis er weiß, wie viele Schafe es sind. Dann sagt er zum Schäfer: »Sie haben exakt 7312 Schafe.« Der Schäfer ist völlig perplex und sagt: »Das stimmt! Das haben Sie sich jetzt verdient, Sie dürfen sich eins dieser Schafe nehmen.« Der Mann steigt aus dem Auto aus, packt sich eins der Tiere, steckt es in sein Auto auf den Rücksitz und will wegfahren, als ihn der Schäfer noch einmal anhält und ihn fragt: »Wenn ich Ihnen sage, was Sie von Beruf sind, bekomme ich dann mein Tier zurück?« Sagt der Mann im Auto: »Na klar! Was bin ich denn von Beruf?« Sagt der Schäfer: »Ich glaube, Sie sind Unternehmensberater.« Sagt der Mann: »Das stimmt! Woher wissen Sie das?« Darauf der Schäfer: »Aus drei Gründen. Erstens kamen Sie, ohne daß man Sie gerufen hat. Zweitens erzählen Sie mir eine Lösung, die ich vorher schon kannte. Drittens haben Sie zu wenig Fachkenntnis.« Fragt der Mann erstaunt: »Inwiefern habe ich zu wenig Fachkennt-

EMPFEHLUNG

Legen Sie sich eine Witzliste zu

Es wäre auch für die Zukunft gar nicht schlecht, wenn Sie sich eine Witzliste zulegen würden. Immer wenn Sie einen guten Witz hören, können Sie ihn dort eintragen und so die Liste ständig erweitern. Und wenn Sie dann die Witze auf den verschiedenen Listen ablegen, können Sie bald sagen: Meine Badezimmer- oder meine Schlafzimmerliste ist meine Witzliste. Auf diese Weise können Sie ohne weiteres zwanzig, dreißig, vierzig Witze behalten. Aber vielleicht tun Sie das auch nicht, sondern schreiben sich Stichwörter in eine Witzliste und lernen immer nur für einen gewissen Anlaß diejenigen auswendig, die Sie tatsächlich erzählen wollen.

nis?« Antwortet der Schäfer: »Geben Sie mir bitte meinen Hund zurück!«

Wenn ich mir diesen Witz merken möchte, nehme ich als Stichworte »Schafherde« und »Hund« und stelle mir meine Zahnbürste als Schafherde vor, die von einem Hund bewacht wird – mehr brauche ich nicht.

Nun sind wir in der Lage, die fünf Witze ohne Vorlage zu erzählen. Wir schauen auf den Badewannenrand und sehen Sherlock Holmes. Dann zur Toilette, wo das Bärenfell liegt, auf dem sich Fuchs und Hase tummeln ... Nun können Sie selbst mal überlegen. Geben Sie sich ruhig ein paar Versuche, dann werden Sie merken, daß Sie die Witze problemlos abrufen können. Sollten Sie feststellen, daß das Stichwort, das Sie verwendet haben, zu undeutlich ist, dann nehmen Sie doch einfach noch eins dazu oder noch zwei oder drei. Es gibt Leute, die brauchen zehn Stichwörter, und anderen reichen lediglich zwei. Viel Vergnügen beim Erzählen dieser Witze!

Wie man sich ABSTRAKTE BEGRIFFE merkt

In diesem Kapitel geht es darum, abstrakte Begriffe in Bilder zu verwandeln und sie sich dadurch zu merken. Im Kopf wird das Bild einer Information gespeichert, die weder sichtbar noch greifbar, also in keinster Weise bildhaft ist.

>>

Wenn wir Glück haben, löst ein Wort bei uns eine Vorstellung aus, wie zum Beispiel Karibik, oder der Begriff ist so kurz, daß wir uns ein Klangbild einprägen können. Wenn nicht, müssen wir uns mit einer Buchstaben- oder Silbenliste oder mit Symbolen helfen.

Fremdwörter lernen

Was, glauben Sie, macht ein zweijähriges Kind, wenn es ein Wort hört, das es nicht kennt? Versucht dieses Kind, sich die Schriftzeichen des Wortes zu merken? Oder vielleicht seine grammatikalische Bedeutung?

Nein, das Kind kann weder schreiben, noch hat es Wissen über Grammatik. Ein Kind versucht in diesem Moment, in seinem Gehirn Bilder oder Vorstellungen zu finden, die ähnlich klingen wie das neue Wort, denn dann wird das Wort vertraut. Das hört sich jetzt etwas abstrakt und kompliziert an, ist aber eigentlich ganz einfach. Ich gebe Ihnen ein Beispiel.

Geschichten erfinden

Anstatt sich ein Wort wie »Gromkagawaritel« (das heißt auf russisch: Lautsprecher) zu merken, könnten Sie das Wort ja zunächst einmal in seine phonetischen Buchstaben und Silben unterteilen und diese dann in Bilder umwandeln. Was glauben Sie, wie lange es dauert, bis Sie »Gromkagawaritel« in Ihrem Gedächtnis gespeichert haben, ohne eine solche Technik anzuwenden? Wenn Sie es versuchen, werden Sie sehen: Es ist relativ mühsam. Aber wenn Sie das Wort auseinandernehmen und mit Bildern belegen – Sie haben ja schon eine Buchstabenliste gelernt –, dann geht es schneller.

Beim G sehen Sie dann vielleicht eine Großmutter vor sich oder eine Gitarre oder auch eine Gurke. Sie wissen ja, daß es sinnvoll ist, die Bilder zu variieren und so auszuwählen, daß sie sich in die Geschichte fügen, mit deren Hilfe Sie sich das Wort merken wollen. In diesem Fall habe ich mich für eine Großmutter entschieden.

Denn das ist der nächste Schritt: Wenn Sie das Wort in Buchstaben

Die Buchstabenliste

A	N
B	O
C	P
D	Q
E	R
F	S
G	T
H	U
I	V
J	W
K	X
L	Y
M	Z

und Silben zerlegt haben, entwickeln Sie eine Geschichte. Also zurück zu dem Wort »Gromkagawaritel«: Ich sehe eine Großmutter, welche nach Rom fliegt, in Rom einen Kaffee trinkt, in einem Garten, neben dem Garten parkt ein Wagen, am Steuer sitzt ein Riese, der telefoniert, und wenn ich dann noch das Telefon gedanklich vor mir sehe mit einem Lautsprecher, dann haben Sie eine Geschichte, die die phonetische Bedeutung des Wortes beinhaltet und zugleich seine Übersetzung.

Lesen Sie die Geschichte von der Großmutter, die nach Rom fliegt, noch einmal. Legen Sie dann das Buch auf die Seite, schreiben Sie das Wort auf einen Zettel, so daß Sie kontrollieren können, ob Sie das ganze Wort korrekt schreiben oder ob Sie die Geschichte noch einmal lesen möchten, um dann sicher zu sein, daß Sie das ganze Wort korrekt aufschreiben können. Tun Sie das jetzt und kommen Sie dann zurück zum Buch.

Toll! Sie haben also erlebt – angenommen, Sie sind bereit, für Buchstaben und Silben Bilder einzusetzen –, daß ein Wort, aufgelöst in kleine Bildergeschichten, viel schneller im Gedächtnis haften bleibt, als wenn Sie versuchen, sich das reine Schriftbild oder das reine Tonbild zu merken.

Die Voraussetzung dafür ist einerseits die Fähigkeit, Buchstaben oder Silben in Bilder zu verwandeln, und andererseits müssen Sie die Kreativität entwickeln, sich solche kleinen Geschichten auszudenken.

Ich möchte, daß Sie zur Sicherheit jetzt noch einmal die vorne gelernte Buchstabenliste aufschreiben, sich aber noch dazu einige Alternativwörter ausdenken. Daß Sie also vielleicht für »G« nicht nur »Gitarre«, sondern zum Beispiel »Großmutter« nehmen, für »R« nicht nur das »Radio«, sondern vielleicht auch das »Radieschen«, für »P« nicht nur den »Pullover«, sondern zum Beispiel einen »Polizisten«.

Tun Sie das jetzt, und kommen Sie dann wieder zurück zum Buch.

Die Silbentechnik

Ich nehme noch ein zweites Beispiel, um Ihnen zu verdeutlichen, daß die Bilder auch eher ungenau sein dürfen und die Technik trotzdem funktioniert. Nehmen wir mal das französische Wort für Mündung: »l'embouchure«. Wir zerteilen das Wort jetzt in seine Silben: l'em – bou – chure. Mit der deutschen Übersetzung »Mündung« habe ich nun also vier Bilder zu generieren, die zu dem Wort hinführen.

»L'em« klingt ja ein bißchen wie »Lamm«; das Bild hat zwar wenig Ähnlichkeit mit der Bedeutung, aber es funktioniert trotzdem, weil das Gehirn ja nicht nur die Bedeutung sieht, sondern parallel dazu auch die Lautfolge, die man hört. Das nennt man das Ohrgedächtnis, und das wird hier miteinbezogen.

Da ist also das Lamm, das frißt bei einem Busch und findet eine Uhr. Diese Uhr schmeißt es dann in eine Flußmündung. Jetzt habe ich vier Bilder: Lamm, Busch, Uhr und Mündung, das setzt sich im Kopf zu »l'embouchure« und seiner deutschen Bedeutung, »Mündung«, zusammen.

MEIN TIP

Hilfsmittel

Wenn Sie für eine Silbe mal kein gutes Bild finden, dann schlagen Sie im »Langenscheidt« oder dem »Duden« nach. Dort gibt es genügend Vorschläge. Nehmen Sie sich einen oder zwei davon, und Sie haben ein vernünftiges Bild.

Nun gibt es – ähnlich wie bei der Buchstabenliste – die Möglichkeit, sich für einige Silben feste Bilder auszusuchen. Nicht jeder möchte das, manch einer zieht es vor, die Silbenbilder in dem Moment zu bilden, in dem er ein Wort lernt, und findet dann im Laufe der Zeit heraus, welche Silbenbilder ihm am meisten liegen, welche er am häufigsten gebraucht. Aber andere planen lieber und erstellen eine Silbenliste, auf die sie jederzeit zurückgreifen können.

Sie haben im folgenden die Möglichkeit, die vorgegebenen Silben mit Bildern zu belegen und sich eine solche Liste zusammenzustellen.

Auch hier gilt: Sie dürfen Varianten wählen. Es ist sogar sehr

wichtig, daß Sie ihre Bilder variieren, also zum beispiel bei »ga« einen »Garten« sehen und auch mal eine »Gans«. Oder für »ku« eine »Kuh« und auch mal eine »Kur«, bei der Sie sich erholen. Für »mo« sehen Sie einmal den »Mond«, aber auch mal den »Montag« oder das »Morgenrot«. Für »mi« sehen Sie die »Milch« oder den »Mittag«.

Ich habe die Erfahrung gemacht, daß das Gehirn, wenn es ein Buchstabenbild oder ein Silbenbild hört, sofort weiß, welcher Buchstabe oder welche Silbe gemeint ist. Wenn aber oft das gleiche Bild kommt und ich die Liste relativ häufig gebrauche, können die einzelnen Bilder unklar werden. Mit abwechslungsreichen Silbenbildern werden die Vorstellungen klarer.

Für diejenigen, die möchten, besteht nun die Gelegenheit, sich Gedanken darüber zu machen, welche Silbenbilder Sie verwenden wollen, und diese aufzuschreiben. Wer nicht daran interessiert ist, läßt die Seite einfach aus.

Silbenbilder

ma	**kun**
me	**ban**
mi	**bun**
mo	**bon**
mu	**tin**
kan	**ton**
kin	**tun**

Otto sitzt auf einer Wiege

Nehmen wir zur Verdeutlichung ein weiteres Beispiel, einen griechischen Namen, den ich mir ausgedacht habe: Georges Sopanovidas. Wenn ich So – pan – o- vi – das in ein Klangbild verwandeln möchte, könnte das in etwa so aussehen:

»Georges« ist ein Name, der leicht verwechselt wird mit »Roger«, »Georg« oder »Gregor«. Doch im Gegensatz zu »Roger«, wo ich vielleicht einen Piloten sehe, der den Daumen nach oben hält für »okay«, die Bedeutung von Roger in der Fliegersprache, oder »George«, wo mir vielleicht George Harrison von den Beatles einfällt, sehe ich bei Georges die Erde, wegen »Geo«, und dort spielen die Leute Orgel: Ge-orges. Das ist doch ein klares Bild. Es klingt zwar etwas schräg, aber für das Gedächtnis besteht ein großer Unterschied darin, sich die Erde mit Orgelspielern (für Georges) und auf der anderen Seite einen Piloten (für Roger) vorzustellen. Diese beiden Bilder kann das Gehirn nicht verwechseln. Und wenn Sie sich erst einmal gemerkt haben, daß Georges für »Erdkugel mit Orgel« steht, dann haben Sie gewonnen.

Nun geht die Geschichte einfach weiter: Die Orgel spielt nur sonntags (für »so«).

Daneben steht ein Mensch mit Panflöte (»pan«).

Wer ist denn der Spieler mit der Panflöte? Der Otto – der Komiker (»o«).

Und worauf sitzt er? Auf einer Wiege (für »vi«). Auch wenn Wiege mit W und nicht mit V geschrieben wird, kann man das Wort ohne weiteres verwenden. Die Orthographie muß nicht übereinstimmen, denn es kommt auf das Klangbild und nicht das Schriftbild an. Wenn Sie das Wort dann mit V schreiben, greifen Sie auf Ihre Vorkenntnisse zurück, die Ihnen sagen, daß im Griechischen ein V wie ein W ausgesprochen wird. Vielleicht haben Sie auch ein Schriftbildgedächtnis dazu, haben einen ähnlichen Namen schon einmal geschrieben gesehen, und ein Gefühlsgedächtnis zu diesem Buchstaben entwickelt. Lassen Sie sich nur nicht in die Enge treiben mit dem Anspruch auf zu präzise Bilder. Lassen Sie nicht locker, und Sie werden sehen, daß es auch mit anderen Bildern funktioniert.

Nun bleibt noch die letzte Silbe:

»das«. Sie könnten mutig sein und sie weglassen, oder Sie sagen: Da steht vielleicht noch eine »Tasse«.

Zusammengefaßt haben wir also: die Erdkugel, eine Orgel, die gespielt wird, daneben steht jemand mit der Panflöte, das ist der Otto, der sitzt vielleicht auf einer Wiege, und unter der Wiege steht noch eine Tasse.

Nehmen Sie jetzt wieder ein Blatt Papier und schreiben Sie das Wort auf, wenn Sie es sich schon behalten haben. Es gilt wie immer: Sie haben drei Versuche. Beim dritten Mal muß es sitzen. Tun Sie das jetzt, kommen Sie dann wieder zum Buch zurück.

Wie übe ich richtig?

Die Silbentechnik problemlos anwenden zu können, zählt zu den schwierigsten Aufgaben innerhalb der Memo-Technik. Aber es gibt verschiedenen Möglichkeiten, es sich durch kontinuierliches Üben etwas leichter zu machen.

Wie habe ich früher diese Technik geübt? Ich habe mir jeden Morgen beim Teetrinken die Tageszeitung vorgelegt, habe einen Textmarker genommen und mir im Leitartikel zwanzig bis dreißig komplexe, abstrakte Begriffe angestrichen und habe diese dann auswendig gelernt. Ich habe nicht nur die einzelnen Wörter in Silbenbilder verwandelt, sondern habe sie gleichzeitig noch, ähnlich wie in der vorangegangenen Übung zur Einkaufsliste, in einer bestimmten Reihenfolge auswendig gelernt. Auf diese Weise konnte ich sowohl die Silbentechnik als auch die Tech-

GUT ZU WISSEN

Üben im Alltag
Das eigentliche Üben geschieht im wirklichen Leben. Jedes Mal, wenn Sie eine Information erhalten, können Sie sie sich mit der Silbentechnik merken.
Wenn Sie die Informationen sehr schnell gesagt bekommen, wie zum Beispiel Namen, dann werden Sie zwei, drei Wiederholungen brauchen, bis Sie den Namen problemlos wieder abrufen können.

niken der Raumliste oder Körperliste wiederholen. Wie man beide Techniken miteinander verknüpft, werde ich Ihnen im Unterkapitel »Freie Rede« zeigen.

In den ersten zwei Wochen meiner morgendlichen Übungen brauchte ich relativ lang, bis ich mir die Begriffe eingeprägt hatte. Ich habe übrigens den Tee immer erst getrunken, wenn ich die Worte auswendig konnte. Also trank ich in der ersten und zweiten Woche nur kalten Tee. Ich habe physisch an der Wärme des Tees gefühlt, wie ich schneller wurde, denn nach zwei, drei Wochen war der Tee immer wärmer, wenn ich ihn trank. Spannend war, daß ich irgendwann dann alle Hemmungen verlor und mir die verrücktesten Bildergeschichten ausdachte, bis ich plötzlich in der Lage war, im voraus zu wissen, daß ich die Übung erfolgreich abschließen würde. Es hat vielleicht eine Woche oder zwei gedauert, bis ich diesen Zustand erreicht hatte, und ich wünsche Ihnen, daß auch Sie den Mut und die Energie aufbringen, diese Übung einfach einmal zu machen.

Sie können auch jeden Morgen eine Radiosendung aufmerksam verfolgen, und wenn dann etwas kommt, bei dem Sie sagen: Oh, das interessiert mich!, dann filtern Sie es heraus und legen es auf Ihrer Körperliste ab. Das können Sie sogar während des Autofahrens tun und kostet Sie so nicht mal zusätzliche Zeit. Oder Sie merken sich vielleicht den Inhalt eines Spielfilms, in zehn Stichworten, so daß Sie auch Monate später noch den Inhalt erzählen können. Oder Sie lesen ein Buch und sagen sich ganz bewußt: Ich werde jetzt fünfzig Dinge aus diesem Buch herausfiltern und diese fünfzig Dinge mir so merken, daß ich sie auch noch viel später erzählen kann.

MEIN TIP

Täglich üben

Üben Sie jeden Tag einmal. Sie können es beim Zugfahren tun, in einer Kaffeepause oder am Abend vor dem Fernseher in der Werbeunterbrechung. Wichtig ist nur, daß Sie jeden Tag einmal trainieren, abstrakte Wörter in Bilder umzuwandeln, und vielleicht sogar in eine Liste aufzunehmen und diese auswendig zu lernen.

Versuchen wir nun noch einmal, uns ein richtig schwieriges Wort einzuprägen. Ich werde Ihnen einen abstrakten Begriff vorlegen, den Sie selbständig zertrennen und auswendig lernen können: Bovinespongiformeenzephalopathie.

Brechen wir das Wort zunächst einmal optisch auf und verteilen die Silbengruppen auf mehrere Zeilen:

Bovine
spongi
forme
enze
phalo
pathie

Nehmen Sie das Wort nun in Teile von ein, zwei, drei oder vier Buchstaben oder in seine Silben auseinander, für die Sie ein Wortbild kreieren können, und versuchen Sie dann, diese Wortbilder durch eine Geschichte miteinander zu verbinden.

Ich würde vorschlagen, daß Sie so lange üben, bis Sie sich das Wort angeeignet haben. Denn hier befinden wir uns an einem entscheidenden Punkt, den Sie überschreiten sollten. Haben Sie das geschafft, werden Sie relativ rasch letzte Hemmungen verlieren, solche Wortbilder zu kreieren, denn dieses Wort ist so schwierig, daß Sie sich, wenn Ihnen diese Übung gelingt, auch zutrauen werden, sich andere schwierige Wörter über diese Technik anzueignen.

Tun Sie das jetzt und kommen Sie dann zum Buch zurück.

Freie Rede

Nehmen wir einmal an, Sie möchten morgen vor Geschäftsfreunden eine Rede halten und wollen keinen Zettel verwenden. Dabei werden Sie auch abstrakte Begriffe verwenden und abstrakte Informationen weitergeben. Wie können Sie sich sinnvoll vorbereiten?

Als erstes sollten Sie Ihre Rede in Stichpunkten zusammenfassen und diese auf Moderationskarten notieren. Es sollten nicht mehr als zehn bis zwanzig Worte sein, gerade genug, damit Sie den roten Faden nicht verlieren. Doch Sie wollen die Rede ja ohne Hilfsmittel halten, also ohne Kärtchen in der Hand. Um das zu erreichen, werden wir im folgenden eine Technik, sich abstrakte Begriffe zu merken, mit einer Listentechnik verknüpfen.

Ich werde Ihnen nun eine zehn Punkte umfassende Liste zeigen, deren Worte alle abstrakt sind, also nicht gerade bildhaft, und dann üben wir, wie wir uns diese zehn Wörter so effizient aneignen, daß wir während der Rede, während des Sprechens, problemlos diese zehn Wörter in der richtigen Reihenfolge im Kopf abrufen können. Diese Übung hat zwei Funktionen: Zum einen werden Sie lernen, abstrakte Informationen in Symbole zu verwandeln, und zum anderen werden Sie eine neue Liste kennenlernen und sehen, wie man sie belegt.

Die Symboltechnik

Es gibt tatsächlich zwei Methoden, wie man sich abstrakte Informationen merken kann. Die eine ist die Silbentechnik, bei der das Wort in Silben zerlegt wird und die Sie ja schon geübt haben, die andere arbeitet mit Symbolen. Dabei wird

EMPFEHLUNG

Symbole oder Klangbilder?

Wenn ich die Wahl habe, dann entscheide ich mich immer für die Symbolbildung, weil ein Symbol auf bereits vorhandene Informationen im Kopf zurückgreift und deshalb schneller zum Erfolg führt. Aber es gibt viele Dinge, die Sie sich nicht über ein Symbol merken können, weil Sie schlicht keines haben. Zum Beispiel viele Länder in Afrika – wenn Sie die Staaten Afrikas auswendig lernen wollten. Was haben »Burundi«, »Ruanda«, »Mali« und »Burkina Faso« für ein Symbol? Diese Namen können Sie über phonetische Bilder, Klangbilder, lernen. Wenn Ihnen aber für Ihre Begriffe Symbole zur Verfügung stehen, benutzen Sie die Symboltechnik.

zum Beispiel aus dem Wort »Ägypten« das Symbol der »Pyramiden« oder aus »Paris« das Symbol des »Eiffelturms«. Aus dem Wort »Gerhard« könnten Sie das Symbol »Herr Schröder« bilden, wenn Sie den Herrn Gerhard Schröder kennen. Für das Wort »Stefanie« bietet sich als Symbol ein »Tennisball« an, weil Stefanie Graf eine bekannte Tennisspielerin ist.

Hier Ihre Liste mit den Stichpunkten aus Ihrer Rede:

1. Bilanzanalyse
2. Gruppenarbeit
3. Methodisch richtiges Verhalten
4. Bruttoinlandsprodukt
5. Marktstudie
6. Qualitätskontrolle
7. Angebotskurve
8. Debitoren
9. Verrechnungsmethoden
10. Rahmenbedingungen

Diese zehn Begriffe sollen Ihnen ermöglichen, beim Vortragen Ihrer Rede nicht den roten Faden zu verlieren. Natürlich müssen Sie sichergestellt haben, daß es tatsächlich diese zehn Informationen sind, die den Kern Ihrer Rede ausmachen. Sollte die Stichwortliste nicht vollständig sein, ist nicht die Lerntechnik schuld, wenn Sie beim Vortrag Schiffbruch erleiden, sondern Ihre mangelhafte Stichwortliste.

Gehen wir jetzt einmal davon aus, diese Wortliste ist korrekt. Nun müssen Sie diese zehn Wörter auswendig lernen, damit Sie die Rede fließend halten können. Dafür suchen Sie sich für jeden Begriff ein Symbol.

Was könnte das Wort »Bilanzanalyse« symbolisieren? Ich wähle für das Wort »Analyse« immer das Symbol »Reagenzglas«. Dafür habe ich mich einmal entschieden, denn so wie ich einen Buchstaben einem Wort zuordnen kann, kann ich ja auch ein ganzes Bild einem Wort zuordnen. Wenn Sie für »Analyse« das Wortbild »Reagenzglas« einmal gebildet haben, können Sie es natürlich ein Leben lang beibehalten. Bei »Bilanz« sehe ich in Gedanken ein aufgeschlagenes Buch

MEIN TIP

Einfache Bilder
Machen Sie es einfach, nicht kompliziert. Nicht akademisch intelligent, sondern ganz simpel.

vor mir, links die Soll-, rechts die Haben-Spalte. Vielleicht sehen Sie ein Tagebuch vor sich im Sinn von »Bilanz meines Lebens«. Wir nehmen hier das aufgeschlagene Buch, in dessen Mitte als Lesezeichen ein Reagenzglas liegt. Und so haben wir den Begriff: »Bilanzanalyse«.

Das nächste Wort auf Ihrer Liste lautet »Gruppenarbeit«. Vielleicht sehen Sie jede Menge Leute vor sich, und das ist das Symbol für »Gruppe«; vielleicht arbeiten die alle mit Schaufeln auf einem Feld. Jetzt haben Sie das Wort »Gruppenarbeit«.

»Methodisch richtiges Verhalten«: Man braucht gar nicht viel für ein Symbol. Für »methodisch« nehme ich das Bild der »Mentholzigaretten«; für »richtig« könnte ich mir einen hochgestreckten Daumen vorstellen: Hey, ist alles richtig! Und »Verhalten« ist vielleicht ein »Ferkel«, das sich irgendwo auf-»hält«? »Ver – halten« ... Ich sehe schon vor mir, wie Sie grinsen, vielleicht aber auch etwas verständnislos den Kopf schütteln. Aber bedenken Sie: Es ist völlig gleichgültig, wie die Bilder aufgebaut sind, Hauptsache, es funktioniert.

Denken Sie daran, Ihre mentale Einstellung sollte sein: Ich bin ein vier-, fünfjähriges Kind und bin am Spielen. Wenn Sie jetzt also eine Schachtel Mentholzigaretten haben, auf der ein Mann abgebildet ist, der seinen Daumen hochhält, und ein Ferkel kommt und hält sich

EMPFEHLUNG

Seien Sie erfinderisch!
Ganz wichtig: Das sind nur Vorschläge für mögliche Bilder. Langfristig werden Sie sich eigene Bilder suchen müssen, und diese sehen dann viel individueller aus, weil Sie aus Ihrem Datenschatz Ideen schöpfen, wie ich eben aus meinem. Manchmal funktionieren meine Bilder auch bei Ihnen sehr gut, manchmal müssen Sie Ihre eigenen verwenden.

an diesem Daumen fest, dann haben Sie »methodisch richtiges Verhalten« gelernt.

Weiter geht es mit dem Begriff »Bruttoinlandsprodukt«. Da stelle ich mir eine brutal zerknitterte Landkarte vor.

Bei »Marktstudie« sehe ich Studenten, die Preise studieren.

Für die »Qualitätskontrolle« prüfe ich die Qualität eines Produktes, indem ich mit dem Finger daraufklopfe.

Die »Angebotskurve« wird bei mir dargestellt durch eine Ananas, die ich esse; danach fahre ich eine Kurve.

»Debitoren«. Für dieses Stichwort auf meiner Liste stelle ich mir Rechnungen vor; jemand schuldet mir Geld.

Und dann sehe ich ein Ferkel vor meinem inneren Auge, das einen Taschenrechner benutzt, und zwar Formelberechnungen (Methoden) durchführt, und schon bin ich bei »Verrechnungsmethoden«.

Der letzte Begriff, »Rahmenbedingungen«, wird bei mir dargestellt durch den Rahm (Sahne) oder einen Bilderrahmen.

Die Körperliste

In einem nächsten Schritt werden wir diese Wortliste auf einer Ihnen noch nicht bekannten Liste ablegen, der Körperliste.

Ich bitte Sie jetzt, kurz aufzustehen. Sie dürfen gern das Buch in die Hand nehmen (sonst können Sie ja nicht weiterlesen), und wenn Sie stehen, dann betrachten Sie doch bitte mal Ihre Schuhe. Sollten Sie keine Schuhe anhaben, betrachten Sie Ihre Füße. Jetzt wandert Ihr Blick nach oben aufs Knie. Sie sehen Ihre Knie. Sollten Sie nicht in der Lage sein zu stehen, bitte ich Sie einfach, das ganze im Sitzen zu tun.

Sie sehen also als ersten Punkt auf der Körperliste die Schuhe und als zweiten Punkt die Knie. Dann wandert Ihr Blick weiter nach oben zu den Oberschenkeln.

Dann könnten Sie ja mal mit Ihren Händen Ihr Gesäß berühren. Tun Sie das jetzt.

Und dann berühren Sie mit Ihren Händen die Taille.

Tun Sie das jetzt.

Somit haben Sie fünf Elemente der Körperliste bereits im Griff:

Die Körperliste

1. Füße
2. Knie
3. Oberschenkel
4. Gesäß
5. Taille

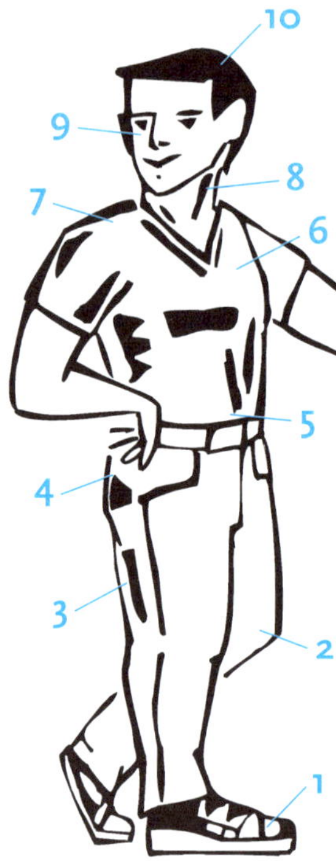

Jetzt gehen Sie noch weiter nach oben und erhalten die nächsten fünf Punkte auf der Körperliste:

6. Brustbereich
7. Schultern
8. Hals
9. Gesicht
10. Haare

Die Reihenfolge ist etwas einfacher zu lernen, wenn Sie stehen, denn dann erscheint Ihnen die Abfolge der Körperteile logisch, im Sitzen ist das etwas schwieriger. Wenn Sie zum Beispiel die Knie übergeschlagen haben, sind sie plötzlich höher als die Taille.

Jetzt sind Sie schon in der Lage, die Reihenfolge klar aufzusagen: Füße – Knie – Oberschenkel – Gesäß – Taille – Brust – Schultern – Hals – Gesicht – Haare.

Nehmen Sie ein Blatt Papier und schreiben Sie diese zehn Wörter in der genannten Reihenfolge auf und kommen Sie dann wieder zurück zum Buch.

Schaffen Sie sich auch hier wieder Fixpunkte! Stellen Sie sich zum Beispiel vor, auf Ihren Schultern stünden die sieben Zwerge, vielleicht sagen Sie den sieben Zwergen »Hallo« oder streichen ihnen über den Kopf. Dann haben Sie

mental folgendes erreicht: Den 7. Punkt auf Ihrer Körperliste können Sie jetzt direkt ansprechen, ohne daß Sie zählen müssen. Wenn ich nun fragen würde: Was ist Punkt 8 auf der Liste?, dann wissen Sie das, ohne zählen zu müssen. Weil Sie die 7 bei der Schulter sehen, muß der Hals die 8 sein. Oder stellen Sie sich vor, Sie nehmen Ihre Hände mit fünf Fingern und stützen sie, die Finger gespreizt, in die Taille. Dann können Sie, ohne rechnen zu müssen, Punkt 5 mühelos bestimmen: Er liegt auf der Taille.

Sie haben sich jetzt also Nummer 5 und 7 der Körperliste gemerkt, wie schon Punkt 5 (Wecker) und 7 (Vorhang) der Schlafzimmerliste beziehungsweise 5 (Handtücher) und 7 (Waschbecken) der Badezimmerliste. Nun sind Sie in der Lage, auf allen diesen Listen zwei Punkte problemlos zu finden.

Die Körperliste belegen

Nun kehren wir wieder zu unserer Stichwortliste für die Rede zurück. Um uns nicht nur die Begriffe, sondern auch deren Reihenfolge merken zu können, führen wir im folgenden die Begriffe und ihre Symbole mit der Körperliste zusammen. Ich lege also die zehn Wörter auf der Körperliste ab.

Springen Sie gedanklich auf Ihre Füße, dann sehen Sie ein aufgeschlagenes Buch dort liegen mit

einem Reagenzglas als Lesezeichen und kommen sofort auf die »Bilanzanalyse«.

Wenn Sie dann gedanklich aufs Knie schauen, sehen Sie dort die vielen Menschen, die arbeiten, und wissen: Das ist die »Gruppenarbeit«.

Dann bewegen Sie sich gedanklich in die Oberschenkelregion, das darf auch die Hosentasche sein, und sehen vielleicht eine Packung Zigaretten mit Menthol für »methodisch«, und dann den Daumen für »richtig«, und »Verhalten« ist das Ferkel, das sich da aufhält: »methodisch richtiges Verhalten«.

Und beim Gesäß sehen Sie diese komisch zerknitterte Landkarte für »Bruttoinlandsprodukt«.

Auf der Taille sehen Sie den Markt, wo die Studenten stehen und die Produkte studieren, »Marktstudie«.

Gehen Sie kurz weg vom Buch, nehmen Sie ein Blatt Papier und schreiben Sie diese fünf Wörter in der richtigen Reihenfolge auf, kommen Sie dann wieder zum Buch zurück. Tun Sie das jetzt.

Ich gratuliere Ihnen! Sie haben jetzt zwei Dinge richtig gemacht: Sie haben einerseits die Körperliste richtig angewendet, und Sie haben geübt, mit abstrakten Informationen clever umzugehen, indem Sie klare Vorstellungen erzeugt haben.

»Qualitätskontrolle« ist der 6. Punkt auf der Checkliste für die Rede von morgen. Ich prüfe, indem ich mir an die Brust klopfe, die Qualität meines Herzens und sehe »Qualitätskontrolle«. Wenn Sie meinen, das reicht Ihnen nicht, dann ziehen Sie sich doch ein bißchen an der Haut auf Ihrer Brust und quälen Sie sich etwas, beim Gedanken daran kommen Sie auf Qualität. Und Sie wissen sofort, es ist nicht irgendeine Produktkontrolle, sondern eine Qualitätskontrolle. Sie könnten sich auch eine Qualle dorthin denken für die Qualitätskontrolle, der Phantasie sind keine Grenzen gesetzt.

MEIN TIP

Es muß nicht immer ein Symbol sein

Gestalten Sie diese Bilder so einfach wie möglich, und brechen Sie sie notfalls bis auf die Silben- oder vielleicht sogar Buchstabenebene hinunter. Sie könnten auch problemlos das Wort »An – ge – bot« in drei einzelne Silbenbilder verwandeln und dann dafür eine Ananas nehmen, auf der ein Gewehr liegt und ein Boot. Denken Sie sich lieber eine kleine Geschichte aus mit Buchstaben- und Silbenbildern, als sich zu ärgern, daß Ihnen kein Symbol einfällt und Sie sich den Begriff deshalb nicht merken können.

»Angebotskurve«. Vielleicht sehen Sie, wie Ihnen jemand auf die Schulter klopft und Ihnen eine Ananas anbietet oder aber sagt: »Du, ich biete dir für deinen Pullover etwas!« Nun haben Sie die »Angebotskurve« und können sicher sein, daß Sie das Wort richtig behalten.

Bei »Debitoren« ist die Sache einfach, denn das sind ja Rechnungen, bei denen mir jemand etwas schuldet. Also sehe ich an meinem Hals Rechnungen hängen von Menschen, die mir noch Geld geben werden.

»Verrechnungsmethoden«, da sehe ich auf meine Nase – oder sonstwohin im Gesicht, auf die Augen, den Mund. Das Problem ist nur, daß Sie später wirklich dahin gucken müssen im Gesicht, wo Sie vorher auch hingeguckt haben, das heißt, wenn Sie was auf der Nase ablegen und dann aufs Auge gucken, sehen Sie da nichts. Ich habe mir angewöhnt, die Nase zu nehmen. Und dort sehe ich nun ein Ferkel mit einem Taschenrechner: »Ver – rechnung«. Und vielleicht sehe ich, wie es irgendwelche Mathematikformeln und -methoden gebraucht, um diese Rechnung zu beschleunigen: die »Verrechnungsmethoden«.

Oder Sie sagen zu Recht: Wir haben doch bei Punkt 3 »Mentholzigaretten« genommen, um »methodisch« darzustellen, dann können Sie hier auch sagen: Ich sehe das Ferkel, es rechnet und hat eine Mentholzigarette im Mund.

»Rahmenbedingungen« ist relativ einfach: Da stelle ich mir meinen Kopf vor. Und da ich wenig Haare habe, fällt es mir leicht, mir darauf Rahm vorzustellen. Vielleicht sieht

GUT ZU WISSEN

Unabhängig werden

Sie sollten wissen, dass Sie zum Abrufen der gelernten Information nicht ewig auf Ihre »Krücken« angewiesen sind. Wenn Sie durch ausreichende Wiederholung den Lernstoff ins Langzeitgedächtnis transportiert haben, können Sie sie direkt abrufen, ohne auf die Körperliste zurückgreifen zu müssen.

das bei Ihnen ja ganz anders aus. Bei dem Wort »Rahmenbedingungen« könnten Sie sich auch fragen, ob Sie es einfach unter dem Wort »Rahmen« (Bilderrahmen) im Kopf abspeichern, vielleicht kommt ja dann der Rest automatisch?

Da Sie die meisten Informationen, aus denen Ihre Rede besteht, gut kennen, brauchen Sie die Begriffe gar nicht so präzise zu lernen. Häufig reichen Fragmente der Information, denn Sie wissen ja, um was es geht. Das klappt natürlich nicht immer, bei Namen zum Beispiel nicht, denn Sie können ja jemandem schlecht sagen, er heiße

EMPFEHLUNG

Motivation

Es lohnt sich, so lange zu üben, bis Sie eine Liste beherrschen. Denn wenn Sie erleben, daß die Methode funktioniert, auch wenn Sie vielleicht fünf Anläufe gebraucht haben, dann werden Sie beim nächsten Mal, wenn Sie wieder solch eine Übung machen, wissen, daß es klappen kann, und Ihre Motivation, weiterzumachen, ist erheblich größer, als wenn Sie schon hier aufgeben. Denn das wäre schade.

»ungefähr so«. Aber bei einem Wort wie »Rahmenbedingungen« reicht es wahrscheinlich, wenn Sie sich den Rahmen merken, denn dann sehen Sie schon, worum es geht.

Nun haben Sie auch noch den letzten Begriff auswendig gelernt. Noch einmal zur Wiederholung: Schauen Sie auf Ihre Brust und klopfen Sie sich darauf, denn Sie wollen eine »Qualitätskontrolle« machen. Oder Sie sehen die »Qualle«, die Sie kontrollieren, ob sie noch lebt, »Qualitätskontrolle«.

Auf der Schulter liegt diese Ananas mit dem Gewehr und dem Boot, das eine Kurve macht für »Angebotskurve«.

Am Hals haben Sie die Rechnungen für die »Debitoren«.

Auf der Nase sitzt das Ferkel, das rechnet und hat eine Mentholzigarette im Mund für die »Verrechnungsmethoden«.

Und auf dem Kopf haben Sie einen Rahmen, einen Bilderrahmen vielleicht, für die »Rahmenbedingungen«.

Legen Sie das Buch beiseite, nehmen Sie ein Blatt Papier, und schreiben Sie diese letzten fünf Wörter auf. Vielleicht können Sie auch schon alle zehn Wörter aufschreiben. Schauen Sie mal, wie weit Sie kommen. Wenn Sie vielleicht erst sieben von zehn Wörtern können, gucken Sie ruhig noch einmal im Buch nach. Wiederholen Sie es so lange, bis Sie die Begriffsliste vollständig niederschreiben können. Und kommen Sie dann zurück zum Buch.

Sie sehen, daß es funktioniert. Nun beherrschen Sie bereits drei Listen: die Schlafzimmerliste, die Badezimmerliste und die Körperliste, und können mit ihnen arbeiten. Im nächsten Kapitel werden Sie lernen, wie Sie sich Zahlen besser merken können.

Wie man sich ZAHLEN besser merken kann

In diesem Kapitel erhalten Sie eine Einführung in die Zauberwelt des Zahlenmerkens. Anstatt daß Sie sich die Zahlen als solche merken, also eine 7 als Sieben oder eine 5 als Fünf, werden Sie sich in Zukunft klare Vorstellungsbilder von diesen Zahlen machen, um sie besser behalten zu können.

»

Zahlenbilder

Beginnen wir damit, daß ich Ihnen die ersten zehn Ziffern, also 1 bis 9 und 0, in konkrete Bilder verwandele und dann ein wenig mit diesen Bildern jongliere und sie so verknappe, daß Sie sich die Zahlen wesentlich besser merken können, wenn Sie diese Bilder verwenden.

Ich stelle in meinen Seminaren immer die Frage: »Wer von Ihnen hat Mühe, sich Zahlen zu merken, die mehr als zehn Stellen haben?« 95 Prozent der Teilnehmer halten ihre Hände in die Luft, man hört richtiggehend an ihrem Lachen, daß sie das für eine rein rhetorische Frage halten. Und dann sage ich: »Sie werden sich mit Hilfe meiner Methode in zehn Minuten problemlos eine zehnstellige Zahl merken können.«

Die Baumliste

Beginnen wir mit der Zahl 1. Wenn Sie eine 1 vor sich sehen, können Sie sich zum Beispiel einen Baum oder eine Kerze oder einen Leuchtturm vorstellen. Ich nehme jetzt mal den Baum, denn der Baum hat die Form einer 1, wenn es ein gerader Baum ist.

Für die Zahl 2 könnte ich mir eine Lampe vorstellen oder einen Lichtschalter. Etwas, das mit Licht zu tun hat, denn Licht kann ich ein- und ausschalten, hell oder dunkel, Tag oder Nacht, da gibt es zwei Möglichkeiten.

Bei 3 denke ich vielleicht an einen Hocker mit drei Beinen.

Bei 4 sehe ich vielleicht ein Auto, das hat vier Räder.

Bei 5 denke ich an eine Hand, die hat in der Regel fünf Finger.

Bei der 6 sehe ich einen Würfel, der hat sechs Seiten.

Die 7 sind wiederum die sieben Zwerge, die wir ja schon kennen. Die standen ja schon mal auf der Schulter, hinter dem Vorhang und schwammen im Waschbecken.

Die 8 ist eine Achterbahn.

Die 9 ist vielleicht eine Katze, wenn Sie den Schwanz betrachten, der wie eine 9 aussieht, oder Sie kennen vielleicht die neunschwänzige Katze und wissen, daß in Amerika Katzen neun Leben haben, und nicht sieben wie bei uns.

Die Baumliste

0	
1	
2	
3	
4	
5	
6	
7	
8	
9	

Die 0 ist bei mir ein Hühnerei.

Ich würde vorschlagen, Sie schauen sich die Tabelle links an. Dabei decken Sie die Bilder ab, betrachten nur die Zahlen und prüfen, ob Ihnen die passenden Bilder dazu einfallen. Dann decken Sie die Zahlen zu und schauen, ob Sie den Bildern die richtigen Zahlen zuordnen können. Die Übung ist sehr einfach und Sie werden sie sehr schnell beherrschen.

Tun Sie das jetzt und kommen Sie dann zum Buch zurück.

Toll! Sie haben jetzt also die Fähigkeit entwickelt, konkrete Bilder für Zahlen zu sehen, und werden nun eine zehnstellige Zahl innerhalb kürzester Zeit auswendig lernen, und zwar so, daß Sie die Zahl auch morgen noch können.

Als erste Ziffer nehmen wir die 8. Stellen Sie sich bitte eine Achterbahn vor und fixieren Sie sie gedanklich an einem bestimmten Ort. Steht vor Ihnen ein Tisch? Dann stellen Sie die Achterbahn darauf. Wenn Sie in einem Restaurant sind, dann schauen Sie zur Küche hinüber und denken Sie sich dort eine Achterbahn. Oder aber, Sie nehmen

MEIN TIP

Ein Bild für jede Zahl
Wir üben eine Zahl ein, in der jede Ziffer einmal mit ihrem Bild vorkommt. Doch eine Ziffer kann in einer Zahl auch mehrfach auftauchen. Hier rate ich Ihnen, mit nur einem Bild für jede Zahl zu arbeiten entsprechend der angefertigten Baumliste. Sonst wird es zu verwirrend – zumindest zum jetzigen Zeitpunkt.

die Körperliste zu Hilfe und betrachten Ihren Hals, dort hängt die Achterbahn.

Auf der Achterbahn sitzen Leute auf dreibeinigen Hockern. Das steht für eine 3.

Vielleicht klatschen die Leute auf den dreibeinigen Hockern in die Hände? Das ist die 5.

Vielleicht sehen Sie unter diesen Händen eine Katze liegen. Das ist die 9.

Diese Katze rennt weg und klettert auf einen Baum. Das ist die 1.

An diesem Baum hängen Würfel. Das ist die 6.

In diesen Würfeln sind Lampen. Das ist die 2.

Diese Lampen haben die Form von einem Ei. Das ist die 0.

Und wenn Sie dieses Ei auf das Dach eines Autos schmeißen, sehen Sie die 4.

Und am Steuer des Autos sitzt einer der sieben Zwerge. Das ist die 7.

Die gesuchte Zahl lautet: 8 359 162 047.

Wenn Sie diese Bildergeschichte nun noch einmal in Gedanken durchgehen, werden Sie feststellen, daß Sie sie vermutlich noch nicht vollständig nacherzählen können. Darum werden Sie sie jetzt noch einmal aufschreiben. Und wenn Sie sie dann noch einmal gelesen haben, werden Sie diese Geschichte bitte mit geschlossenen Augen im Kopf wiederholen. Also hier noch einmal die Geschichte:

Sie sehen vor sich auf dem Tisch eine Achterbahn, auf der Achterbahn sitzen Leute auf dreibeinigen Hockern. Sie klatschen in die Hände, unter diesen Händen sitzt eine Katze. Diese Katze rennt weg und klettert auf einen Baum. An diesem Baum hängen Würfel. In diesen Würfeln sind Lampen. Diese Lampen haben die Form von einem Ei. Dieses Ei schmeißen Sie auf das Dach eines Autos. Am Steuer des Autos sitzt einer der sieben Zwerge.

Schließen Sie jetzt die Augen, wiederholen Sie die Geschichte und kommen Sie dann zum Buch zurück.

Jetzt nehmen Sie einen Stift und schreiben Sie die Zahl auf, damit Sie sich noch einmal davon überzeugen können, daß Sie das Gelernte beherrschen, und kommen Sie dann zurück zum Buch. Wieder gilt die Regel der drei Versuche.

Die Hunderterliste

Sie sehen, Zahlen kann man leicht lernen. Doch wie schnell kann man eine Telefonnummer auswendig lernen, in der eine Zahl mehrfach vorkommt? Nehmen wir meine Telefonnummer von vor etwa fünfzehn Jahren als Beispiel. Die Nummer lautete: 7671774. Da ist relativ oft die 7 enthalten. Wenn Sie sich eine solche Zahl nur mit Ihren Ziffernbildern merken, könnte das so aussehen: Ein Zwerg spielt würfeln mit einem anderen Zwerg. Sie sitzen auf einem Baum, und da sitzt schon wieder ein Zwerg. Und unten fährt ein Zwerg mit dem Auto vorbei.

Kleine Kinder können sich solche Geschichten sehr leicht einprägen und fünf-, sechs- oder siebenmal hintereinander immer wieder abrufen. Bei uns Erwachsenen habe ich die Erfahrung gemacht, daß es hilfreich ist, auch für zweistellige Zahlen Zahlenbilder zu entwickeln. Dafür gibt es die so genannte Hunderterliste, die die Möglichkeit bietet, sich für eine zweistellige Zahl ein Bild zu merken. Die Zahl 10 ist zum Beispiel die Bibel, denn die hat zehn Gebote, 11 ist ein Fußball, denn bei einem Fußballspiel sind elf Spieler beteiligt.

Übrigens kennen Sie die Zahlenbilder von 21 bis 40 bereits, denn die stammen aus dem Schlaf- und Badezimmer. Die Bilder von 21 bis 30 sind dem Schlafzimmer entnommen, die von 31 bis 40 dem Badezimmer. Für die 21 sehen Sie also ein Bett, für die 31 eine Badewanne. Die Körperliste wiederum

stellt die Zahlen von 91 bis 100 zur Verfügung. Es fehlen also nur noch die Bilder dazwischen.

Ich zeichne Ihnen jetzt eine Tabelle, die Ihnen zeigt, wo Sie im Moment stehen.

1–10	Baumliste + Bibel
21–30	Schlafzimmerliste
31–40	Badezimmerliste
91–100	Körperliste

Wenn Sie diese Tabelle anschauen, sehen Sie, was Sie bereits gelernt haben: Die Zahlen von 1 bis 9 plus die 10 (das wäre die Bibel) kennen Sie, die Zahlen von 11 bis 20 fehlen noch, die von 21 bis 30 und von 31 bis 40 haben Sie mit Schlaf- und Badezimmer bereits zur Verfügung, die Zahlen von 41 bis 90 fehlen, die von 91 bis 100 haben Sie in Form der Körperliste.

Wenn Sie diese Liste von 1 bis 100 nun vervollständigen wollen, müssen Sie weitere sechs Zimmer aus Ihrer Wohnung durchnumerieren. Wenn Sie das mit mir zusammen tun möchten, dann kann ich Ihnen meine CD-Sammlung anbieten, denn dort wird in den Lektionen 3, 5 und 10 genau das geübt.

MEIN TIP

Telefonnummern lernen
Versuchen Sie sich mit dieser Technik die fünf für Sie wichtigsten Telefonnummern einzuprägen. Einfach um sich zu beweisen, daß die Technik funktioniert. Oder nehmen Sie sich aus dem Telefonbuch zwei, drei Beispiele und lernen Sie Namen und Telefonnummern auswendig.

In drei Minuten die sieben Weltwunder lernen

Die Bezeichnungen der sieben Weltwunder sind zum Teil bildhaft, zum Teil abstrakt. Sie lauten:

Die Pyramiden von Gizeh
Die Hängenden Gärten der Semiramis
Die Zeusstatue in Olympia
Das Artemision von Ephesos
Das Mausoleum von Halikarnaß
Der Koloß von Rhodos
Der Pharos von Alexandria

Wenn ich diese sieben Bezeichnungen lernen möchte, muß ich mich entscheiden, wo ich sie gedanklich ablege. Ich stelle mir jetzt einfach mal das Schlafzimmer vor, das Sie ja auch kennen, und denke mir: Die Pyramiden von Gizeh sind unter dem Bett. Jetzt werden Sie sich vielleicht fragen: Moment! Unter dem Bett, da war doch die Tüte Milch ... da wir uns am Anfang bei der Einkaufsliste unter dem Bett die Tüte Milch vorgestellt haben.

GUT ZU WISSEN

Ein Platz für viele Bilder
Sie können Ihre Listen ruhig doppelt belegen, ohne daß Sie riskieren, Begriffe durcheinanderzuwerfen, solange der Lerninhalt logisch trennbar ist.

Das ist jetzt aber spannend! Anhand dieses Beispiels werde ich Ihnen beweisen, daß Sie die Listen doppelt belegen können, ohne durcheinanderzukommen. Denn wenn Sie die Pyramiden von Gizeh abrufen wollen, werden Sie schon merken, daß es nun nicht um die Milch geht – wenn Sie sich überhaupt noch an die Milch erinnern und die Einkaufsliste nicht schon Wochen zuvor gelernt und wieder vergessen haben. Das heißt, Ihre Intelligenz trennt jeweils die eine Information von der anderen.

Doch im Moment sind wir dabei, die Pyramiden von Gizeh unters Bett zu stellen und die Hängenden Gärten der Semiramis aufs Kopfkissen. Wir haben jetzt zwei Probleme zu lösen: Einerseits lege ich die Information auf dem Kopfkissen ab, andererseits muß ich den Namen »Semiramis« vielleicht noch in ein Bild verwandeln. Sie merken, wir sind wieder dabei, abstrakte Informationen in Bilder zu überführen. Vielleicht sehen Sie es tatsächlich vor sich: Am Kissen hängen Gärten, und es ist ein »See« dabei, Ihnen fällt die Raumstation »Mir« ein und aus der steigen die »Amis« heraus. »Se – Mir – Amis«. Und so kann ich dieses Wort sofort ablegen.

Bitte denken Sie sich für die anderen abstrakten Wörter selbst passende Bilder aus. Wir sind also jetzt bei der Bettdecke, und da legen Sie das nächste Wort ab. Und das nächste Wort ist die Zeusstatue von Olympia. Tun Sie, was immer Sie müssen, damit Sie dieses Wortbild auf Ihrer Bettdecke sehen. Nehmen Sie nun zum Nachttisch das Artemision von Ephesos, das ist sicher eines der schwierigeren Wörter. Beim Wecker sehen Sie dann das Mausoleum von Halikarnaß. In der Schublade sehen Sie vielleicht den Koloß von Rhodos. Hinter dem Vorhang sehen Sie dann einen Leuchtturm, den Pharos von Alexandria.

Auch hier gilt wieder: Sobald Sie die Bilder gelernt haben, schreiben Sie die Worte auf ein Blatt Papier und prüfen Sie, ob Sie vielleicht schon fünf oder gar alle sieben wissen. Wenn Sie sich dann noch eine zweite und dritte Chance geben, werden Sie sehr schnell merken: Sie können alle Wörter in der richtigen Reihenfolge!

Ich bitte Sie nun, diese Übung so lange zu machen, bis Sie alle sieben Weltwunder aus dem Gedächtnis aufschreiben können.
Kehren Sie dann zum Buch zurück.

Die Pyramiden von Gizeh

Das Artemision von Ephesos

Der Koloß von Rhodos

Das Mausoleum von Halikarnaß

Die Hängenden Gärten der Semiramis

Der Pharos von Alexandria

Die Zeusstatue in Olympia

Wie man sich NAMEN besser merken kann

Den kenn ich doch! Aber wie war noch sein Name? Nichts ist unangenehmer, als jemanden zu treffen und nicht mehr zu wissen, wie er heißt. Das kann nicht nur zu peinlichen Situationen führen, sondern auch große Verunsicherung bewirken. Im folgenden können Sie eine Technik erlernen und üben, mit der Ihnen das nicht mehr passiert.

>>

Das Namensgedächtnis

Was geschieht, wenn Sie einen Menschen sehen und seinen Namen nicht mehr wissen? Ihr Gehirn wird Ihnen Informationen liefern wie: Den hab ich doch neulich erst auf dem Markt getroffen!, oder: Das ist doch meine alte Schulkollegin!, oder: Ist das nicht der Mitarbeiter der Abteilung neben mir? Aber es wird Ihnen nicht einfallen zu sagen: Ach, das ist doch der Herr Krotoschin ... oder der Herr Müller ... oder der Herr Meier. Und das hat damit zu tun, daß die Information des Namens an sich abstrakt daherkommt.

Sie haben in Ihrem Gedächtnis einerseits sehr konkrete Informationen gespeichert wie, wo arbeitet dieser Mensch, wo habe ich ihn schon einmal gesehen, und andererseits Informationen sehr unkonkreter Art wie Namen, die einfach nur eine Aneinanderreihung von Buchstaben sind. Dann wiederum gibt es natürlich auch Namen, die sehr bildhaft sind, wie zum Beispiel der Name »Keller« oder »Vermooser«. Bei Vermooser denkt man vielleicht an Moos oder bei dem Namen »Schneeberger« an einen schneebedeckten Berg. Aber es gibt eben auch Namen, die sind sehr abstrakt wie »Müller-Erkelenz«, »Krotoschin« oder »Machowinski-Spiegelberg«. Häufig sind es gerade Namen aus dem Russischen oder Polnischen, also aus Osteuropa, die uns abstrakt erscheinen. Um sich solche Namen merken zu können, muß man sie in Bilder überführen. In einem zweiten Schritt muß man die Bilder den Gesichtern zuordnen, damit man eine Person später mit ihrem richtigen Namen ansprechen kann.

Welcher Vorname ist das?

Wir beginnen mit einigen Vornamen und machen uns Gedanken darüber, mit welchen Bildern wir sie uns verdeutlichen könnten.

Was, glauben Sie, ist für unser Gehirn einfacher zu merken: das Wort »Thomas« oder das Bild einer Tomate? Wie komme ich jetzt auf »Tomate«? Selbstverständlich, weil »Thomas« und »Tomate« relativ

GUT ZU WISSEN

Wie viele Vornamen gibt es?
Wenn Sie diese 50 Vornamen mit Bildern verknüpft haben, haben Sie schon viel erreicht. Es gibt nämlich nur etwa 100 bis 150 Vornamen, mit denen wir immer wieder zu tun haben, und vielleicht 50 Ausnahmen, aber die sind dann schneller nachgelernt, wenn ich die 100 bis 150 Vornamen draufhabe. Das heißt, je länger Sie mit der Technik arbeiten, desto seltener werden Ihnen Namen begegnen, die Sie nicht kennen.

ähnlich klingen. Für unser Gehirn ist das Wort »Tomate« sehr viel leichter verständlich, weil es bildhaft ist. Es sei denn, Sie sagen: Moment! Ich kenne doch Thomas Gottschalk. Dann greifen Sie auf eine bestehende Verknüpfung zurück und die Eselsbrücke funktioniert, da Sie auch hier eine klare Vorstellung von dem Wort »Thomas« haben, nämlich: Thomas Gottschalk.

Oder nehmen wir mal das Wort »Monika«. Vielleicht erinnert es Sie an eine Ziehharmonika. Und die »Ziehharmonika« sehen Sie deutlicher vor sich als das Wort »Monika«, es sei denn, Sie denken an Ihre Nachbarin, die Monika heißt. Dann können Sie die »Ziehharmonika« durch das Bild Ihrer Nachbarin Monika ersetzen.

Ich schildere Ihnen noch ein paar Beispiele, anhand derer Sie sich vorstellen können, wie die Technik funktioniert: Zum Beispiel denke ich an das Wort »Gurt« und merke mir so den Namen »Kurt«, oder ich sehe bei dem Namen »Kris-ta« ein Kreuz mit einer Tasse vor mir. Und bei »Kris-ti-ne«, damit Sie den Unterschied sehen, ein Kreuz, das im Nebel steht. Und bei »Kris-ti-na« denke ich mir das Kreuz vielleicht im Dunkeln, bei Nacht. Eine »Birgit« wird zur Birke und eine »Brigitt« zur Brille und eine »Rosemarie« zu einer Rose, die Sie der Maria schenken.

Bitte schauen Sie sich nun die folgenden fünfzig Vornamen an und verwandeln Sie sie in Bilder. Sie dürfen wählen zwischen phonetischen Bildern, wie zum Beispiel »Gurt« für »Kurt«, oder Sie nehmen jemanden, den Sie kennen. Tun Sie das jetzt und kommen Sie dann wieder zurück zum Buch.

Welches Bild für welchen Namen?

Heide
Irina
Ilka
Henrike
Henning
Gabi
Franziska
Friederike
Frank
Eva
Diana
Andreas
Astrid
Melanie
Natalie
Nils
Ralf
Wolfgang
Winfried
Werner
Ulrike
Kevin
Stefan
Silvester

Rufus
Rosaria
Peter
Otto
Nikolaus
Lotta
Konrad
Camilla
Karin
Joachim
Gudrun
Florian
Thomas
Bernhard
Dorothea
Brigitta
Bruno
Antje
Antoinette
Stefanie
Margret
Isabell
Ines
Luise
Anne
Ulrich

Nachnamen lernen

Auch Nachnamen lassen sich ganz einfach in Bilder verwandeln. Zum Beispiel können Sie den Namen »Heiliger« vielleicht als Heiligen darstellen, beim Namen »Müller« sehen Sie einen Mühlstein und bei »Meier« denken Sie vielleicht an Eier. Bei dem Namen »Burgstaller« sehen Sie vielleicht eine Burg mit einem Stall, bei »Schönentaler« sehen Sie ein schönes Tal. Wenn jemand tatsächlich »Machowinski-Spiegelberg« heißt, dann gehen wir zum Kapitel über abstrakte Informationen zurück, wenden die Silbentechnik an und kommen vielleicht darauf, daß Herr Machowinski-Spiegelberg ein Macho ist, der im Skilaufen gewinnt – Macho-win-ski.

Sie sehen, man kann zu Namen aus allen Sprachen Bilder kreieren. Auch Silben gibt es nicht so viele, etwa 120 Stück, die Sie im normalen Alltag brauchen. Wenn Sie die Silbenbilder dazu beherrschen, sind Sie relativ schnell in der Lage, einen Namen abzuspeichern.

Ich versuche jetzt einmal, Ihnen das *besonders* deutlich zu machen, indem ich den schwierigsten Namen, den ich kenne, in Bilder auflöse. Es handelt sich um den Namen des englischen Thronfolgers Prinz Charles bei den Indianern in Kanada. Ich habe diese Information der »Neuen Zürcher Zeitung« entnommen. Auf der Titelseite war ein Foto von Prinz Charles mit Federschmuck bei den Indianern, und darunter stand, daß er auf den Namen »Kisifkafpisimkamiowahpahmikroot« getauft wurde.

Zunächst unterteile ich das Wort in seine Silben:

Kisifkafpisim
kamiowahpah
mikroot

Dann suche ich Bilder für die einzelnen Silben:

Prinz Charles geht mit seinem Federschmuck in die Kirche. Er singt in der Kirche und trinkt danach einen Kaffee. Im Kaffee schwimmt ein Walfisch, der kann die Zahl »Pi« auswendig, und er beginnt zu singen wie eine kleine Maus.

Durchdenken Sie die Geschichte

noch mal mit geschlossenen Augen: Prinz Charles geht in die Kirche, singt dort und trinkt danach einen Kaffee. Im Kaffee schwimmt ein Walfisch, der kann die Zahl Pi auswendig, und er beginnt zu singen wie eine kleine Maus. Nun haben Sie Kirche, »Ki«; singen, »si«; Kaffee, »k«; Walfisch, »w«; die Zahl Pi, »pi«; singen, »si«; Maus, »m«.

Dabei müssen Sie sich interessanterweise nicht merken, welche Wortbildung wie viele Buchstaben hat, das liefert Ihnen Ihr Schriftbildgedächtnis oder Ihr Tonbildgedächtnis oder Ihr Grammatikgedächtnis, wenn Sie in diesen Fremdsprachen noch über Grammatikwissen verfügen. Das heißt, Sie brauchen nur an die Geschichte zu denken, und schon haben Sie die Silben oder Buchstaben parat.

Schauen Sie, welche Silben Sie schon aufschreiben können. Wenn Sie noch Fehler machen, korrigieren Sie sich und versuchen Sie es erneut. Wir haben ja die Regel aufgestellt, daß drei Versuche okay sind. Nach dem dritten Mal können Sie dann »Kisifkafpisimkamiowahpahmikroot« sagen.

Doch zunächst haben wir erst das erste Drittel des Namens, »Kisifkafpisim«, hergeleitet. Nun geht es weiter mit der Geschichte: Die kleine Maus rennt in den Kamin, »kami«, im Kamin hängt ein Joghurt, »io«, und auf dem Joghurt klebt ein Bild von einem Wagen, »wah«. Hinten auf dem Wagen sitzt der Papa, eventuell hat er einen Hut auf, denn das »pah« wird p – a – h geschrieben. Wenn auch vorne am Wagen – am Steuer – noch einer einen Hut aufhat, dann wissen Sie w – a – h und p – a – h. Und nun haben Sie die zweite Zeile gelernt, nämlich »kamiowahpah«.

Und wenn Sie sich dann noch vorstellen, daß der Papa mit seinem Hut ein Mikroskop in der Hand hat und er sich dann noch »Othello« anschaut, haben Sie »mikro-ot«.

MEIN TIP

Kuriose Geschichten
Überlegen Sie nicht zu lange, wenn Sie sich diese kleinen Geschichten ausdenken. Auch einfache, kuriose Geschichten erfüllen ihren Zweck.

Und nun schlage ich vor, daß Sie sich ein Blatt nehmen und den

Namen einfach mal hinschreiben. Geben Sie sich ruhig mehrere Chancen, bis Sie es können. Schließlich werden Sie merken, daß es Ihnen sogar gelingt, einen solch schwierigen Namen auswendig zu lernen, und damit dürften einfache Namen von Bekannten kein Problem mehr sein. Tun Sie das jetzt und kommen Sie dann zum Buch zurück.

ÜBUNG

Namen Gesichtern zuordnen

Sie sehen im folgenden Abbildungen von 15 Personen. Das Ziel dieser Übung ist, daß Sie jedem Gesicht den richtigen Vor- und Nachnamen zuordnen können.

Die Fixierpunkte

Nun machen wir folgendes: Ich bestimme bei jedem der 15 Gesichter einen Fixierpunkt. Etwas, das beim Betrachten des Bildes auffällt und anhand dessen Sie das Gesicht wiedererkennen. Sie müssen also in der Lage sein, den Schmuck am Hals der Frau auf Bild 1 zu sehen, wenn ich Ihnen sage: Schauen Sie Bild 1 an, das zeigt die Frau mit dem Schmuck aus fünf kleinen Stäben.

Das Spannende ist, daß Ihr Gehirn dann nicht nur diesen Schmuck wahrnimmt, sondern auch noch, daß die Trägerin eine Frau mit blonden langen Haaren ist, die ihre Arme verschränkt hat und eine Strickjacke trägt. Das heißt, der Schmuck ist der Auslöser für diese Informationen in Ihrem Kopf.

Das ist das Faszinierende an unserem Gehirn. Wenn Sie sich zum Beispiel die Frau auf Bild 2 anschauen, die eine Perlenkette trägt, dann weiß Ihr Gehirn, die mit den Perlen, das ist die mit den dunkleren Haaren, und bei dem Schmuck mit den Stäben, dem *anderen* Schmuckstück von Bild 1, denken Sie an die blonde Frau mit dem längeren Haar. Und wenn Sie Bild 3 anschauen, denken Sie: Ganz klar, das ist der Mann mit der Rastafrisur.

Wichtig ist, daß Sie etwas Konkretes als Fixierpunkt nehmen. Bei Bild 4 zum Beispiel fallen Ihnen die Augen der Frau auf; die Frau auf Bild 5 trägt eine Brille; der Mann auf Bild 6 hat ein besonders

Bild 1

Bild 2

Bild 5

Bild 6

Bild 7

Bild 11

Bild 12/13

Bild 3

Bild 4

Bild 8

Bild 9

Bild 10

Bild 14

Bild 15

ausgeprägtes Kinn; bei Bild 7 ist es der Scheitel des Mädchens; Nummer 8 trägt einen auffälligen Schmuck am rechten Ohr; auf Bild 9 ist ein asiatisch aussehender Junge abgebildet, dem Fransen in die Stirn fallen; Nummer 10 trägt eine Krawatte, also nehmen Sie vielleicht den Krawattenknopf oder einfach die Krawatte; auf Bild 11 ist eine Frau mit einem sehr schönen Mund; bei dem Herrn auf dem Doppelbild 12/13 ist es die Locke, die ihm über der linken Braue ins Gesicht hängt, und bei der Frau schauen Sie vielleicht auf die Nase; bei Nummer 14 nehmen Sie vielleicht die Augenbrauen; Bild 15 stellt eine ältere Dame dar, da nehmen wir als Fixierpunkt ihre blonden Locken.

Und wenn Sie nun zu irgendeinem Bild zurückgehen, zum Beispiel zu Bild 5, sollte Ihnen sofort klar sein, welchen Fixierpunkt Sie gewählt haben, hier also die Brille. Bei Bild 11 schauen wir auf den Mund, bei Nummer 10 auf den Krawattenknopf, bei der 1 auf den Schmuck, die Nummer 2 sind die Perlen, Nummer 7 ist das Mädchen mit dem Scheitel, Nummer 8 hat einen Ohrring, Nummer 15, die letzte Dame, hat blonde gelockte Haare, bei Nummer 4 schauen Sie auf die Augenbrauen oder die Augen, eigentlich waren es die Augen, das ist dann nicht mehr so wichtig, es muß nur im Sichtbereich sein, bei Nummer 3 waren es die Rastalocken, bei der 9 waren es die kleinen Fransen und bei der 12 die eine Locke, die da links ins Gesicht hängt, bei der 6 das Kinn, bei der 13 die Nase und bei der 14 die Augenbrauen.

Und die Chance, daß Sie, wenn ich Sie frage: Wie sieht die Frau mit der Brille aus?, mit geschlossenen Augen deren Gesicht vor sich sehen, steht gar nicht schlecht. Und wenn ich frage: Auf welchem Bild war der Scheitel, wissen Sie: junges Mädchen, blonde Haare. Wenn ich

MEIN TIP

Wählen Sie aus

Wenn Sie merken, Sie sind sich bei einem der Fixierpunkte nicht sicher, dann nehmen Sie einen anderen. Es ist nicht wichtig, welchen Sie nehmen, wichtig ist nur, daß Sie sich irgend etwas als Fixierpunkt aussuchen.

nach den Fransen in der Stirn frage, sagen Sie sofort: Das war dieses etwas asiatische Gesicht, und wenn ich Ihnen dann eine ältere Dame mit blonden, etwas gelockten Haaren beschreibe, dann kommt Ihnen wahrscheinlich in den Sinn: Das war doch die letzte Dame auf Bild 15.

Was Sie jetzt tun sollten, wäre, sich diese 15 Gesichter anzuschauen und sich jedes Mal zu fragen: Wo schaue ich hin? Und das wäre dann der Punkt, mit dem wir in Zukunft arbeiten, denn diesem Punkt werden wir wie einem Namensschild die Namen zuordnen.

Tun Sie also zunächst folgendes: Sehen Sie sich die Bilder an und überlegen Sie, wohin genau Sie schauen. Tun Sie das jetzt gleich und kommen Sie dann zum Buch zurück.

Namen zuordnen

Nun schauen wir uns mal das erste Gesicht an: Die Dame mit dem Schmuck heißt »Rosemarie«. Wir lernen zuerst die Vornamen. Für Rosemarie stellen wir uns eine Rose vor, vielleicht mit fünf Blättern am Stiel, und diese Rose schenken Sie der Marie.

Die Frau auf dem nächsten Bild heißt »Barbara«. Ich nenne sie jetzt mal das Perlen-Gesicht. Nehmen Sie gedanklich die Perlen in den Mund und stellen Sie sich vor, sie schmecken nach Rhabarber, denn »Rhabarber« ist mein phonetisches Bild für Barbara.

Und wenn Sie den Mann mit der Rastafrisur auf Bild 3 sehen, der »Jan« heißt, dann sehen Sie da vielleicht auch Schnee, denn es ist Januar, und »Januar« ist mein Bild für Jan.

Und bei »Jacqueline« mit ihren Augen denke ich, die schaut sich mit den Augen eine »Jacke« an, und schon habe ich Jacqueline.

Und die Frau mit der Brille heißt »Beate«, und Beate steht bei mir für »glücklich« wie lateinisch »beatus«, und wenn Sie in Latein nicht so fit sind, dann denken Sie sich einfach, sie hat auf ihrer Brille eine Beere, und Beere – Beate ist nicht so weit voneinander weg.

Und wenn Sie dann das Kinn sehen und den Namen »Franz«

hören, dann denken Sie sich, der Mann hat sich nicht sehr gut rasiert und hat Fransen am Kinn.

Bei dem Mädchen »Michaela« kann man im Scheitel die Boxengasse von Michael Schumacher erkennen. Daß Sie dann zu diesem Mädchen nicht »Michael«, sondern »Michaela« sagen, hat mit Ihrer Intelligenz zu tun.

Nun sehen Sie den Ohrschmuck auf Bild 8. Die Frau heißt »Veronika«. Den Ohrschmuck trägt sie nur, wenn sie nach Verona in die Oper geht.

Und bei dem kleinen Jungen namens »Pat«, dem die Fransen ins Gesicht fallen – hier können Sie notfalls einzelne Buchstaben heranziehen, für »Pat« nehme ich zum Beispiel Schachfiguren, denn wenn beim Schach nicht mehr weitergespielt werden kann, dann nennt man das »Patt«. Wenn Sie das nicht kennen, dann nehmen Sie eine Batterie, auch wenn die mit »B« geschrieben wird, und hängen diese Batterie an seine Haare. »Batterie« für »Pat« ist eindeutig genug, damit Sie wissen, welcher Name gemeint ist.

»Kurt« trägt eine Krawatte, die ist dann eben ein Gurt.

Wenn Sie der »Ilona« auf den Mund schauen, sehen Sie einen Igel, der sich ein Loch sucht, in das er kriechen kann, und es ist Nacht: I – lo – na. Sie sehen, jetzt habe ich den Namen vollkommen auseinandergenommen, weil ich niemanden kannte, der Ilona heißt, den Sie auch kennen. Und anstatt mich lange nach dem Sinn oder Unsinn zu fragen, tu ich es einfach. Es gibt ja nur etwa dreißig Buchstaben, wie das I für Igel zum Beispiel. Also setze ich einfach diese Buchstaben- und Silbenbilder zusammen und vertraue darauf, daß mein Gehirn dann schon weiß, was ich meine.

Und diese Haarlocke von Rolf ist vielleicht ein Schwanz von einem Wolf, und dann kommen Sie gleich auf den Namen »Rolf«.

Und bei »Pia« sehen Sie vielleicht auf der Nase 3,14 geschrieben, für den Wert Pi aus der Mathematik.

Und wenn Sie auf die Augenbrauen von »Hans« auf Bild 14 schauen, dann sind die goldig – und Sie kommen auf Hans im Glück.

Und bei »Gisela« sagen Sie vielleicht, ich nehme die Gießkanne und feuchte ihre Haare an, Gießkanne, Gis – ela.

INFO GESUNDHEIT

Farben
Bei der Suche nach Bildern für Namen benutze ich auch Farben. Für mich gilt folgendes: »Rot« ist Robert; »blau« ist das Meer, »mare«, und steht für Martin; »braun« ist Bruno; Hans ist »gold« wegen Hans im Glück; »schwarz« ist Peter. Es sind ganz einfache Bilder, die bestens funktionieren.

Wenn Sie sich die Personen auf den Fotos nun noch einmal genau anschauen, dann gelingt Ihnen ganz schnell die Zuordnung der Namen. Sie sehen auf Bild 1 den Schmuck und wissen sofort, klar, das ist doch die Rosemarie. Dann sehen Sie auf Bild 2 die Perlen und erinnern sich, die schmecken nach Rhabarber, und das ist Barbara. Und wenn Sie dann den Schnee auf Jans Haaren auf Bild 3 sehen, dann wissen Sie, das ist im Januar, der Mann heißt Jan. Und die Augen der Frau auf Bild 4, die schauen auf eine Jacke, das ist Jacqueline, und die mit der Brille, das ist Beate, dann kommt Bild 6 mit dem Franz. Es ist interessant, daß Sie beim Franz nicht auf die Krawatte geschaut haben, denn die kommt ja erst beim Kurt. Hier ist das Kinn der Fixierpunkt, das unrasierte mit den Fransen, deshalb ist das der Franz. Und auf Bild 7 sehen Sie die Michaela wegen der Boxengasse im Scheitel. Und dann ist da dieser Schmuck auf Bild 8, den die Frau nur im Amphitheater in Verona trägt, also Veronika. Bei Pat hat mir die Batterie geholfen, und wenn ich dann noch bei Bild 11 den Mond sehe und den Igel, der sein Loch sucht, dann bin ich bei Ilona. Dann noch die Haare für den Rolf wegen dem Wolfsschwanz und auf der Nase von der Pia das 3,14 für Pi. An den Augenbrauen, die goldig sind, erkenne ich den Hans. Und gerade begieße ich mit der Gießkanne die Blumen für Gisela auf Bild 15.

Und jetzt schauen Sie sich die Bilder an, ohne den Text zu beachten, und versuchen Sie, die Namen zu finden. Vielleicht nehmen

Sie ein Blatt und schreiben Sie sie der Reihe nach, mit den dazugehörigen Zahlen auf. Die Bilder sind numeriert, damit Sie wissen, bei 1 ist die Rosemarie, bei der 2 die Barbara und so weiter. Tun Sie das jetzt und kommen Sie dann zurück zum Buch.

Das war doch eine tolle Erfahrung! Sie konnten wahrscheinlich zwölf der fünfzehn Namen aufschreiben. Das erlebe ich immer wieder bei meinen Vorträgen. Nach zwanzig Minuten kann der ganze Saal etwa zwölf der fünfzehn Namen aufsagen. Nun können Sie auch noch die Nachnamen lernen.

Beginnen Sie mit Rosemarie. Stellen Sie sich vor, daß die Rosemarie, die der Maria eine Rose gibt, in eine Stadt geht oder in mehrere Städte und dort wie eine Lerche singt; so kommen Sie zu dem Namen »Stettler«.

Wenn Sie sich die Perlenkette auf Bild 2 in Rot vorstellen, dann heißt die Frau Barbara Roth. Und der mit der Rastafrisur heißt Dolans. Nehmen Sie eine Dose, bei der Sie lachen müssen, wenn Sie sie sehen, denn aus der Dose steigt ein Nashorn, das sich davonschlängelt wie eine Schlange. Das ist im ersten Moment eine fürchterlich komplizierte Geschichte, aber bei schwierigen Namen, die Sie vielleicht noch nie gehört haben, ist es ratsam, den Namen bis auf die Silben oder Buchstaben auseinanderzunehmen: Dose – lachen – Nashorn – Schlange, Do-la-n-s. Sie werden feststellen, auf diese Weise können Sie jeden schwierigen Namen knacken.

EMPFEHLUNG

Endsilben

Um die Endsilbe eines Nachnamen herzuleiten, kann es hilfreich sein, die Anfangssilben bestimmter Wörter regelmäßig zu verwenden. Zum Beispiel »Lerche« für die Endsilbe »ler«, »Lidl« für die Endsilbe »li«, »Nerzmantel« für »ner« oder »Nägel« für »ne«. Wenn es um einen Namen geht mit einer Stadt, in der »Lego« gespielt wird, dann lautet er »Stett-le«, wenn dort eine Lerche pfeift, lautet er »Stett-ler«. Solche festgelegten Bilder verschaffen Ihnen Sicherheit.

Daß Sie sich dann eine Jacke angucken, die gern auf Reisen geht, führt zu Jacqueline Reiser. Und wenn Sie dann die Beate sehen mit der Beere, dann hängt da noch ein Lottolos dran und sie singt, denn sie hat gewonnen: »Losier«. Und das sind die übrigen Nachnamen: Franz Altherr, Michaela Bayer, Veronika Sandmeier, Pat Juong, Kurt Schneeberger, Ilona Fernandes, Rolf Habermann, Pia Seehofer, Hans Rolli, Gisela Schlumpf. Jetzt versehen Sie diese selbst mit einer kleinen Geschichte. Denn nun müssen Sie den Weg allein gehen. Nehmen Sie sich die verbleibenden Bilder vor, beginnend bei Beate, und üben Sie die kompletten Namen so lange, bis Sie alle beherrschen. Kontrollieren Sie sich, indem Sie ein Blatt Papier nehmen, die Zahlen 1 bis 15 notieren und die Namen danebensetzen, ohne in den Text zu schauen, während Sie sich die Gesichter ansehen. Sie werden merken, bald können Sie alle Namen richtig hinschreiben.

Tun Sie das jetzt und kommen Sie dann zum Buch zurück.

Lernstrategien

Ich möchte Ihnen jetzt gern noch ein paar Tips zu verschiedenen Lernstrategien geben.

Die Strategie des Vorlernens

Der bekannte Schweizer Bauchredner Kliby hat eine sehr kluge Möglichkeit entdeckt, sein Publikum zu überraschen. Er sagt: »Wenn ich hundert Leute habe, die in zwei, drei Tagen vor mir sitzen, ich ihre Namen aber schon heute auf einer Liste bekomme, dann lerne ich die Namen auswendig, so daß ich, wenn ich einen Vornamen höre, den dazugehörigen Nachnamen sagen kann.« Er lernt also die Namen, bevor er die Menschen trifft.

Wenn jemand zum Beispiel Heineke heißt und mit Vornamen Adrian, dann stellt er sich einen Heiligen vor, der in eine Ariane-Rakete steigt, und damit hat sein Gehirn diese beiden Informationen so verknüpft, daß es, wenn ich »Adrian« sage, die Information »Heineke« liefert, oder, wenn ich »Heineke« sage, »Adrian« hinzufügt. Oder wenn ich zum Beispiel einen Mann namens Christoph Apotelos kennenlerne, sehe ich vielleicht einen Apostel, der ein Kreuz aus Stoff trägt. »Apotelos«, Apostel; Kreuz mit Stoff, »Christoph«.

Wenn der Bauchredner dann später irgend jemanden im Raum anspricht, ihn fragt: »Wie heißen Sie?« und die Antwort »Heineke« bekommt, kann er erwidern: »Adrian, wie geht es dir?« Dann sind die Leute so was von verblüfft! Erstens profiliert er sich damit als Mensch und als Persönlichkeit. Zweitens verfügt er dann über eine große Selbstsicherheit. Denn all die schwierigen Namen, die er zuvor so gelernt hat, daß er die Vor- und Nachnamen miteinander verknüpfen kann, sind in dem Moment, in dem er sie braucht, banal und einfach, denn er kennt sie! Das ist ein toller Nebeneffekt. Er hat die Sicherheit, daß er den Namen versteht, auch wenn der andere ihn vielleicht nur undeutlich in seinen Bart hineinnuschelt, und sogar noch den Vornamen hinzufügen kann.

Die Strategie des Entspannens

Was wäre, wenn zwanzig Leute auf Sie zukämen, und Sie haben gerade noch die Möglichkeit, sich etwas zu notieren. Sie sind vielleicht mit einer Namensliste unterwegs an diesem Tag und Sie haben Zettel und Bleistift. Erstens, versuchen Sie nicht, alle zwanzig Namen zu notieren, das schaffen sie sowieso nicht, sondern nehmen Sie sich genauso viele vor, wie Sie bewältigen können. Nehmen Sie vielleicht zehn, denn wenn Sie von zwanzig schon zehn können, ist das richtig gut! Und wie können Sie die Peinlichkeit vermeiden, daß Sie die anderen zehn noch einmal fragen müssen, wie sie heißen?

Indem Sie folgendes tun: Wenn jemand auf Sie zukommt und seinen Namen nennt, dann malen Sie neben den Vornamen einfach das, was Ihnen an diesem Menschen spontan auffällt. Ist es vielleicht die Barbara, und sie trägt eine Perlenkette, dann malen Sie neben den Namen Barbara eine Perlenkette. Dann wäre die Barbara Roth plötzlich auch noch mit einer Perlenkette versehen, und Sie erkennen sie anhand der Kette später wieder. Oder bei Rosemarie Stedtler könnten Sie ein kleines Schmuckstück malen, so daß die fünf kleinen Elemente erkennbar sind. Nachdem

Sie zwanzig Menschen begrüßt haben, haben Sie neben jedem Namen ein kleines Bild, an dem Sie die Person wiedererkennen, und müssen keine Fragen mehr stellen.

Ich habe, wenn ich Vorträge halte, manchmal bis zu hundert Leute im Saal. Und wenn die alle reinkommen, habe ich mir schon die ersten zwanzig Namen gemerkt, bevor sie sich überhaupt hingesetzt haben. Dank der Zeichnungen neben den Namen kann ich dann einen Namen wiederfinden, wenn ich ihn vergessen habe. Ich brauchte etwa drei bis vier Durchgänge, bis ich alle hundert beim Namen nennen kann, meist geht es in Zehnerschritten. Irgendwann wird es dann zuviel, und dann male ich tatsächlich die Namen nur noch hin und nehme mir in einer Pause die Zeit, all die herauszusuchen, die ich nicht kann, und übe sie dann, mit dem Resultat: Mittags kann ich die hundert Leute tatsächlich beim Namen nennen, plus der Vornamen, und weil ich das kann, verknüpfen sich alle anderen Informationen, die ich zu diesen Menschen in meinem Kopf habe, wesentlich effizienter in meinem Gedächtnis, weil dort nun schon eine Vorstellung von diesen Menschen existiert. Und die ganze Methode sorgt dafür, daß ich wesentlich entspannter mit meinen Gesprächspartnern umgehen kann, denn ich kenne Ihre Namen, und das verschafft mir die nötige Sicherheit.

Die Strategie des Nachlernens

Wenn Sie dann erst einmal über eine Namensliste verfügen, können Sie mit dem Nachlernen beginnen. Sie können die Liste am nächsten Tag studieren, und Ihr Gehirn wird Ihnen sofort die Information liefern, wie dieser Mensch ausgesehen hat, was Sie mit ihm gesprochen haben, was seine Hobbys sind oder wie seine Kinder heißen. Letzteres könnte allerdings schwierig werden, denn dann müßten Sie auch noch die Namen der Kinder lernen.

Der Sinn des Nachlernens besteht darin, daß Sie einen Menschen, wenn sie ihn in fünf Monaten wiedertreffen, immer noch beim Namen nennen können. Nachlernen heißt, Sie sollten die Namens-

EMPFEHLUNG

Wiederholen ist wichtig

Damit Ihr Gehirn das Gelernte nicht wieder vergißt, müssen sie es in regelmäßigen Abständen wiederholen. Wenn Sie natürlich jemanden kennengelernt haben, den Sie täglich sehen, weil er vielleicht Ihr neuer Arbeitskollege ist, müssen Sie seinen Namen nicht üben. Wiederholen ist sinnvoll, wenn es um Leute geht, die Sie erst nach längeren Zeitabständen wiedersehen, wenn Sie zum Beispiel sicherstellen wollen, daß Sie die Namen Ihrer fünfzig oder hundert besten Kunden im nächsten Jahr auf der Messe sofort abrufen können.

liste von einem Seminar, einer Veranstaltung mit sich herumtragen. Wenn Sie dann alle sechs, sieben Tage diese Liste anschauen und sich vorstellen, wie diese Leute aussehen, und sich dann deren Vor- und Nachnamen einprägen, sich vielleicht auch einmal abfragen, haben Sie die Namen im Griff.

Stellen Sie sich zum Beispiel die Farbe »Rot« vor und fragen Sie sich, heißt die Frau Barbara? Oder wenn Sie lesen »Stedtler«, dann müssen Sie auf den Vornamen Rosemarie kommen. Sie zwingen Ihr Gehirn, über den Namen Stedtler ein Gesicht abzurufen und den Schmuck und die blonden Haare und die Strickjacke. Dann können Sie nach etwa sechs Wiederholungen davon ausgehen, daß Sie den Namen abrufen können, gesetzt den Fall, Sie üben die Namen alle zwei, drei Wochen, auch wenn Sie die Leute erst ein halbes oder gar ein Jahr später wiedersehen.

Das Namensgedächtnis müssen Sie natürlich immer wieder trainieren, damit Sie langfristig auch wirklich routiniert damit umgehen können. Jedesmal, wenn Sie jemanden kennenlernen, sollten Sie es anwenden. Ich höre immer wieder von Leuten, wie sehr ihnen die Technik hilft und wieviel Selbstvertrauen und Selbstsicherheit sie durch sie erlangen. So erzählte mir einmal ein Schulungsleiter einer Akademie, daß er erst, seit er die Technik beherrsche, in der Lage wäre, sich die Namen seiner Kursteilnehmer einzuprägen, und das, obwohl er schon viele Jahre Seminare gibt. Mittlerweile könne er

schon nach einer halben Stunde zwanzig Leute mit Namen ansprechen. Es wirke sehr überzeugend und sei zudem für ihn ein herrliches Gefühl der Selbstsicherheit.

ÜBUNG

Bilder im Museum

Stellen wir uns vor, wir gehen in eine Ausstellung, in ein Museum, und haben dreißig Gemälde von dreißig verschiedenen Malern vor uns. Ziel dieser Übung ist, die Bilder anzuschauen und von jedem einzelnen sofort zu erkennen, wer es gemalt hat. Daß Sie das, was Sie über diese Maler bereits wissen, und das, was Sie zu einem späteren Zeitpunkt vielleicht über sie lernen, dann mit dem jeweiligen Gemälde verknüpfen können, ist selbstverständlich. In dieser Übung geht es darum, daß Sie die Bilder dem entsprechenden Maler zuordnen können, und zwar unabhängig von der Reihenfolge, in der Sie sie sehen.

Dafür brauchen wir zunächst eine klare Vorstellung von den Namen der Maler. Sie haben auf Seite 100 eine Liste der Namen von dreißig verschiedenen Malern. Diese werde ich nun der Reihe nach mit Bildern belegen, mit Vorstellungen, Gefühlen, Gerüchen, Tönen, so daß Ihr und mein Gehirn eine konkrete Vorstellung von den Malern entwickeln.

Welcher Maler ist das?

Beginnen wir mit dem Namen »Renoir«. Natürlich werden Sie zu ihm bereits eine gut bestückte Datenbank im Kopf haben, denn Renoir ist sehr bekannt. Was er gemalt hat, muß ich Ihnen nicht groß erklären. Wenn Sie aber entweder wie ich besonders bewandert sind in der Malerei oder wie ein elfjähriges Schulkind vielleicht noch kein einziges Bild von diesem Maler gesehen haben, ist der Name Renoir ohne große Bedeutung für Sie. Also werden wir diesem Namen jetzt eine Bedeutung geben.

Bei »Renoir« könnte man zum Beispiel an die Farbe Schwarz denken, französisch: »noir«. Wenn wir uns einigen könnten, daß »Schwarz« für »Renoir« steht, dann haben wir schon einen großen Schritt nach vorn getan.

Der nächste Name ist »Monet«. Dabei denken Sie vielleicht an Geld, englisch: »money«. (Ich bitte Sie, im Moment noch keine Notizen ins Buch zu machen, sondern das erst zu tun, wenn Sie die ersten zehn Namen gelernt haben; dann schreiben Sie die entsprechenden Wortbilder zu den Namen. Bis dahin üben Sie bitte noch im Kopf mit mir zusammen.)

Der dritte Name ist »Degas«. Da würde vielleicht ein »Degen« passen, den ich mir für Degas merke. Ist eine klare Vorstellung.

»Ingres« – seien Sie kreativ! Da sehen Sie vielleicht einen Indianer, der sitzt im Gras, Indianer und Gras, »In – gres«, das beinhaltet so viele bildhafte Informationen, daß Sie den Namen »Ingres« vermutlich auf diese Weise behalten können.

»Delacroix«, da stellen Sie sich ein Kreuz vor, französisch: »croix«.

»Constable«, natürlich spricht man das etwas anders aus, als es geschrieben wird. Wenn Sie Englisch können und das K – o – n betonen, dann können Sie sich vielleicht das Wort »konstant« vorstellen, also jemanden, der konstant gleich gute Arbeit abliefert. Oder Sie sehen jemanden, der Constanze heißt, oder Sie sehen Konstanz, die Stadt am Bodensee. Alles, was Ihnen hilft, was Ihnen Ähnlichkeiten bietet zu »Constable«, können Sie verwenden.

»Turner«, da nehme ich das Wort »drehen« – »to turn« auf englisch.

Und bei »Rousseau« sehe ich vielleicht etwas »Ruß«, schwarzen Staub. Wenn Sie dann noch sagen, ich möchte den Ruß ins Wasser fallen lassen wegen des französischen Wortes »eau« für Wasser, wunderbar!

»Millet«, da greife ich auf das italienische »mille« für tausend zurück!

GUT ZU WISSEN

Sprachen
Sie sehen, ich nehme aus jeder Sprache, die ich kenne, Wortbilder. Wenn Sie natürlich kein Französisch, Italienisch oder Englisch können, dann nehmen Sie Bilder aus Ihrer Welt. Ich mache hier nur Vorschläge, die bei mir funktionieren und wahrscheinlich auch bei Ihnen, aber Sie können gern andere entwickeln.

»Courbet« – das spricht man mit einem »u« aus, obwohl man »ou« schreibt. Da sehen Sie vielleicht eine Kuh in einem Bett, »Kuh-Bett«, Cour-bet, ist doch eigentlich eindeutig genug.

Jetzt schlage ich vor, daß Sie diese zehn Wortbilder wiederholen und Sie sie in die nachfolgende Tabelle eintragen. Noch einmal zur Wiederholung:

Renoir – »Schwarz«
Monet – »Geld«
Degas – »Degen«
Ingres – »Indianer im Gras«
Delacroix – ein »Kreuz«
Constable – »Konstanz«
Turner – »drehen«
Rousseau – »Ruß im Wasser«
Millet – »tausend«
Courbet – eine »Kuh im Bett«

Wenn Sie diese Liste noch einmal gelesen haben, schreiben Sie die Wortbilder – ohne oben nachzuschauen! – neben die Namen in der Tabelle auf Seite 100. Kommen Sie dann zurück zum Text. Dann kommen wir zu den nächsten zehn Bildern.

Wörter wie »Manet« und Hand – »la main« französisch, »manus« auf Latein. Das könnte man doch zusammenführen. Manet ist also eine Hand.

»Fatin-Latour«, da stelle ich mir vielleicht eine »Fanta« vor auf einem »Turm«, Fatin-Latour.

Bei »Bazille« sehe ich »Bazillen«.

Bei »Pissarro« sehe ich vielleicht sogar Picasso, obwohl das vielleicht etwas schräg anmutet, weil Picasso selbst Maler ist, aber es funktioniert trotzdem! Ich habe auch schon das Wort »Pizza« genommen, und das ging auch, Pizza ist »Pissarro«.

»Cézanne« ist dann der Cäsar.

»Sisley« – viele Menschen kenne die Jeans, die Sisley heißt, wenn dem so ist, dann können Sie die Jeans nehmen. Oder das englische Wort für »Schere« – »scissors«.

»Morisot«, da nehmen Sie vielleicht ein »Moor«, einen Sumpf.

»Cals«, da nehmen Sie vielleicht das Wort »kalt«.

»Gonzalès«, da nehmen Sie vielleicht den »Gorgonzola-Käse«.

Renoir
Monet
Degas
Ingres
Delacroix
Constable
Turner
Rousseau
Millet
Courbet
Manet
Fantin-Latour
Bazille
Pissarro
Cézanne
Sisley
Morisot
Cals
Gonzalès
Vidal
Bracquemond
Stevens
Lépine
Rouart
Vignon
Gauguin
Raffaelli
Toulouse-Lautrec
Tissot
Signac

»Vidal«, da nehmen Sie vielleicht das »Leben«, vi – dal oder einen Winzer im Tal.

Auch diese zehn Namen wiederholen wir. Und wenn Sie die Wortbilder mit den Namen abgeglichen haben, können Sie die Liste weiter vervollständigen.

Manet – eine »Hand«
Fantin-Latour – die »Fanta« und der »Turm«
Bazille – die »Bazillen«
Pissarro – eine »Pizza«
Cézanne – »Cäsar«
Sisley – die »Jeans«, oder die »Schere«, scissors
Morisot – ein »Moor«, ein Sumpf
Cals – »kalt«
Gonzalès – »Gorgonzola-Käse«
Vidal – das »Leben« oder ein Winzer im Tal

Füllen Sie jetzt bitte die nächsten zehn Plätze der Tabelle aus, so gut es geht. Sie dürfen sich dabei auch für andere Wortbilder entscheiden, wenn Sie meinen, daß sie besser passen. Tun Sie das jetzt und kommen Sie dann zum Text zurück.

Nun zur dritten Gruppe:

»Bracquemond«. Das ist vielleicht etwas anspruchsvoll: Vielleicht könnte man »Baracke« im »Mond« nehmen, also eine Baracke, in die das Mondlicht hineinscheint.

»Stevens«, da denken Sie vielleicht an Cat »Stevens«, den Sänger.

»Lépine«, da legen Sie vielleicht ein Stück »Leber« auf eine »Pinie«.

»Rouart«, das ist vielleicht ein »Ruder« auf einem Schiff, auf das ein schönes Bild gemalt ist, das ist dann Kunst, »art«. Rou – art.

»Vignon«, da sehen Sie vielleicht einen »Wicht«, der »nein!«, sagt, auf französisch »non!«.

»Gauguin« könnte man in eine »Geige« verwandeln.

»Raffaelli«, das ist vielleicht das »Raffen«, Geld zusammenraffen, eine Schürze zusammenraffen, damit man nicht auf die Nase fällt.

»Toulouse-Lautrec«, da sehe ich tatsächlich die Stadt Toulouse, in der große Flugzeuge hergestellt werden, und »Lautrec« kann man dann einfach anfügen, weil man den Namen schon gut kennt. Sie können ebensogut Paris und Pigalle als Bild heranziehen, weil Toulouse-Lautrec dort gelebt hat, wenn Sie das wissen.

»Tissot«, da nehmen Sie vielleicht eine »Tissot-Uhr«.

»Signac«, da greifen Sie am besten auf eine Signaltafel zurück.

Auch hier wiederholen wir die Wortbilder noch einmal, bevor Sie sie in die Liste eintragen.

Bracquemond – »Baracke« im »Mond«
Stevens – Cat »Stevens«
Lépine – »Leber« auf einer »Pinie«
Rouart – ein »Ruder«, auf das ein Bild gemalt ist, »art«
Vignon – ein »Wicht«, der nein, »non!« sagt
Gauguin – »Geige«
Raffaelli – »raffen«
Toulouse-Lautrec – die Stadt »Toulouse« oder Paris und Pigalle, Montmartre
Tissot – eine »Tissot-Uhr«
Signac – eine »Signaltafel«, das Signal

Nun vervollständigen Sie bitte die Liste und kommen Sie dann zum Text zurück.

Jetzt sollten Sie sich alle dreißig Wortbilder mit den dazugehörigen Namen so einprägen, daß Sie sie beherrschen. Wenn Sie also den Namen »Sisley« hören, denken Sie an Jeans oder Schere, bei »Pissarro« denken Sie an Pizza und bei »Ingres« an den Indianer im Gras. Wenn Sie diese Sicherheit haben, können wir zum nächsten Schritt übergehen.

Von wem ist das Gemälde?

Wir schauen uns nun die Gemälde der Maler an, vergleichen sie mit den Wortbildern zu den Namen und denken uns eine kleine Geschichte aus, die beide miteinander verknüpft. So daß Sie dann sensationellerweise sofort wissen, wie der Maler heißt, wenn Sie sein Gemälde sehen.

Damit habe ich in meinen Seminaren den größten Erfolg, weil viele Teilnehmer wenig über Kunst wissen und dann plötzlich von 30 Gemälden mindestens 25 den Malern zuordnen können. Das löst Begeisterung aus.

Schauen Sie sich nun also die Gemälde auf den Seiten 105 bis 120 an und kommen Sie dann zum Text zurück.

Bild 1

Sie sehen ein Mädchen mit dunklen Haaren. Das ist ein Renoir. Wir hatten für Renoir das Wortbild schwarz (»noir«) gewählt. Sie brauchen sich also nur diese schwarzen Haare anschauen und werden feststellen, daß Ihnen sofort der Name Renoir einfällt.

Bild 2

Dieses Bild ist von Monet. Wir hatten uns bei Monet für das Wortbild Geld entschieden. Nun sehen Sie auf dem Bild in weiter Ferne ein Dorf mit einem Schloß oder einer Burg. Stellen Sie sich einfach vor, dort wohnt ein sehr reicher Fürst – und schon haben Sie eine Verbindung zwischen Gemälde und Künstlernamen hergestellt.

Bild 3

Wenn Sie das dritte Bild betrachten, sehen Sie eine Gruppe von Reitern bei einem Pferderennen oder

GUT ZU WISSEN

Kinofilme

Stellen Sie sich vor, Sie sehen einen Kinofilm und können sich schon drei, vier Tage später nicht mehr daran erinnern, welcher Film das war.
Wenn Ihnen nun jemand das Kinoplakat zeigt, auf dem vielleicht nur eine Information zu dem ganzen Film abgebildet ist, dann kann es sein, daß Sie anhand dieser einen Information den gesamten Film wieder in Ihrem Kopf abspulen lassen können oder zumindest große Teile davon.
Dasselbe passiert hier: Sie sehen zwar nur zum Beispiel die schwarzen Haare einer Frau, die nur ein kleiner Ausschnitt aus dem Bild sind, aber Ihr Gehirn kopiert das gesamte Bild vor Ihr geistiges Auge.
Und dann geht es noch weiter: Alles, was Sie künftig über Renoir wissen werden, wird noch darangehängt! Eben wie beim Kinofilm.

beim Polo. Einer dieser Reiter hat einen Degen dabei. Damit ist Ihr Kopf in der Lage zu denken: Der Degen – das Bild ist von Degas. Mehr brauchen Sie nicht.

Bild 4

Unser nächstes Bild ist von Ingres. Das Wortbild für Ingres zeigt einen Indianer im Gras. Nun haben Sie hier aber eine liegende nackte Frau vor sich. Schauen Sie einfach auf das Federbüschel, das sie in der Hand hält, und denken Sie sich, es seien Indianerfedern. Schon haben Sie die Verbindung zum Künstlernamen.

Bild 5

Und wenn Sie dann dieses Bild anschauen, das von Delacroix ist, und Sie sehen diese Szene mit dem muslimisch aussehenden Reiter und diese Menschen, die wenig bekleidet am Boden liegen, dann stellen Sie sich vor, der eine, der da in der Mitte liegt, mit dem kleinen Schal um den Hals und dem Bart, hätte an seinem Schal ein Kreuz hängen. Dann sehen Sie in Gedanken dieses Kreuz, obwohl es nicht wirklich da ist, und wissen, das Bild ist von Delacroix.

Bild 6

Dieses Bild ist von Constable. Um die Verbindung zum Wortbild Konstanz vorzunehmen, stelle ich mir einfach vor, das Haus auf dem Bild liegt am Wasser wie die Stadt Konstanz.

Bild 7

Auf diesem Bild sehen Sie eine recht schematisch dargestellte Dampflokomotive, wenn man das überhaupt erkennen kann. Ich meine, das Bild könnte man fast drehen und es sähe immer gleich aus, damit haben wir jetzt einen kleinen Witz gemacht, denn drehen ist ja im Englischen »to turn«. Und so hat sich dann der Name des Malers, Turner, in Ihrem Kopf bereits manifestiert.

Bild 8

Nehmen wir den Rousseau. Ich sehe einen schönen Baum, eigentlich sind es mehrere Bäume, und auf diesen Baum fällt Ruß nach unten aufs Wasser, also steht dieser Baum für Rousseau.

Bild 9

Jetzt komme ich noch zu Millet. Auf seinem Gemälde sehe ich drei

1

2

3

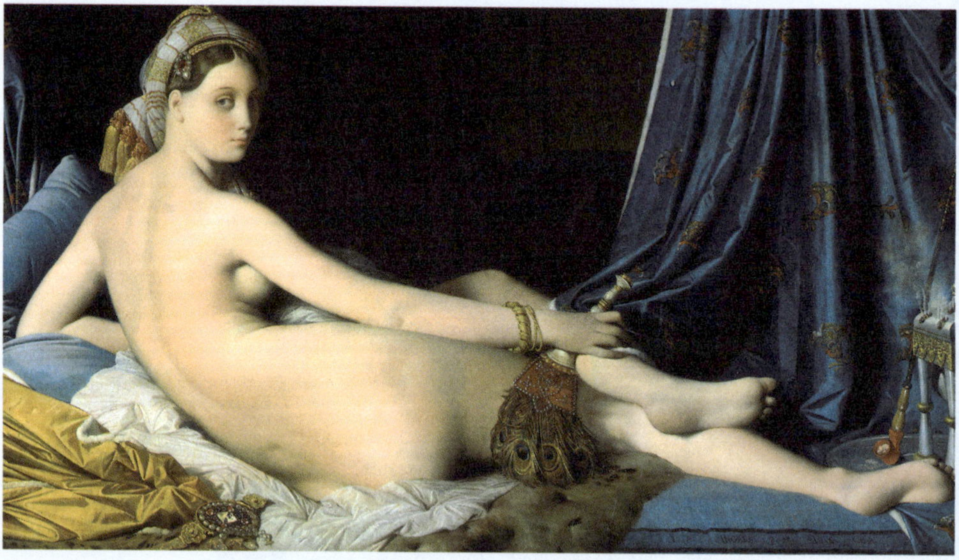

4

5

6

7

8

9

10

11

12

13

14

15

16

17

18

19

20

21

22

23

24

25

26

27

28

29

30

Frauen bei der Ernte, die lesen etwas vom Boden auf. Vielleicht lesen sie tausend Strohhalme auf. Auf diese Weise sind Millet und tausend verknüpft.

Bild 10

Dann haben wir noch ein Bild von Courbet. Bei Courbet stellen wir uns eine Kuh im Bett vor. Damit uns eine Verknüpfung zu diesem Gemälde gelingt, schlage ich folgendes vor: Auf dem Hut der hinteren Frau sitzt eine Kuh, die fühlt sich wie in einem Bett, somit haben wir Kuh und Bett eindeutig abgelegt.

Nun ist es an der Zeit, daß wir uns diese zehn Bilder noch einmal anschauen. Ich fordere Sie jetzt einfach auf, sich diese zehn Bilder noch mal anzusehen, sie mit den Wortbildern zu belegen und zu sehen, ob es Sie die entsprechenden Informationen im Kopf haben. Und wenn Sie es beim ersten Mal schaffen, sechs von zehn Bildern zu bennen, sehr gut, dann werden Sie die anderen vier Bilder noch mal nachlesen, bis es Ihnen auch bei denen gelingt. Wenn Sie alle zehn Bilder dem entsprechenden Maler zuordnen können, dann kann ich Ihnen nur gratulieren, denn dann können Sie die nächsten zehn Bilder lernen.

> **GUT ZU WISSEN**
>
> **Erfolgserlebnisse**
> Das Erfolgserlebnis, das Sie haben, wenn es Ihnen gelungen ist, diese zehn Bilder zu lernen, wird Ihnen die Energie geben, die nächsten zehn Bilder zu lernen.

Diese Übung sollte Sie nicht länger als fünf Minuten beschäftigen. Dann kommen Sie wieder zum Text zurück.

Willkommen zurück! Die nächsten zehn Bilder sind an der Reihe. Zuerst natürlich meine herzliche Gratulation, daß Sie die ersten zehn Bilder den Malern zuordnen konnten, es sei denn, Sie sind solch ein Kunstspezialist, daß Sie sie schon vorher kannten. Das tut mir leid, denn dann macht Ihnen die Übung weniger Spaß.

Dazu noch eine kleine Geschichte: Ich habe einen guten Freund, der ist Kunstsachverständiger und war mit seiner Partnerin in meinem Seminar. Er kannte wirklich alle fünfzig Bilder, die ich heranzog, und hatte sie schon alle irgendwo im Museum gesehen. Seine Lebenspartnerin hatte damals relativ wenig Ahnung von Kunst. Sie hat meine Technik angewendet, er hat natürlich nur zugeschaut und sich nicht groß bemüht, weil er dachte, er kenne die Bilder sowieso. Ich habe dann die 50 Bilder gezeigt, seine Lebenspartnerin konnte alle zuordnen, und er nur 35. Das war schon ein kleiner Schock, denn plötzlich begreift man, wie deutlich solche Gedankenbilder sind. Darum finde ich es toll, wenn man über Vorwissen verfügt, aber die Bilder mit den Malern dann trotzdem nach dieser Methode lernt.

Bild 11

Wir gehen weiter zu Manet. Da sehen Sie dieses ganz berühmte Bild von Manet, das »Le déjeuner sur l'herbe« heißt. Es zeigt eine nackte Frau, die hat ihre Hand am Kinn. Da wir uns für Manet eine Hand gemerkt haben, funktioniert das Wortbild, und Sie wissen sofort, dieses Gemälde ist von Manet.

GUT ZU WISSEN

Abkürzungen

Sie werden feststellen, daß es schon reicht, sich bei den Namen Fantin-Latour nur »Fanta« vorzustellen, den »Turm« brauchen Sie eigentlich nicht. Im Laufe der Zeit werden Sie für alle Wortbilder eine Abkürzung entwickeln. Das gilt für alle Namen: Sie haben am Anfang vielleicht für einen komplizierten Namen mehrere Bilder, verwenden am Schluß immer nur noch das erste, der Rest kommt dann von allein.

Bild 12

Das nächste Gemälde ist von Fantin-Latour. Da haben wir unser Fantabild genommen. Nun stellen Sie sich einfach vor, auf dem Tisch stünde auch noch ein Glas mit Fanta. Und schon haben Sie die Verbindung.

Bild 13

Das ist ein Gemälde von Bazille. Es zeigt eine Gruppe von Menschen,

von denen einige um einen Tisch herum sitzen. Nehmen wir mal die Dame mit dem schönen langen Rock, die sich zu uns umdreht. Ich stelle mir vor, daß die Punkte auf ihrem Kleid Bazillen seien. Das ist zwar nicht nett, aber Sie denken es ja nur im Stillen, damit Sie eine klare Verknüpfung haben zum Namen Bazille.

Bild 14

Bei Pissarro haben wir ein Bild mit einer Frau, die Wäsche aufhängt, und neben ihr auf dem Boden sitzt ihre kleine Tochter. Stellen Sie sich nun vor, das Kind ißt gerne Pizza. Das genügt, damit in Ihrem Kopf der Name Pissarro ausgelöst wird.

Bild 15

Dieses Bild ist von Cézanne. Es zeigt einen Tisch mit Obst. Das könnte der Nachtisch für Cäsar sein – oder? Schon haben Sie die Verknüpfung.

Bild 16

Auf dem nächsten Gemälde sehen Sie einen See, an dessen Ufer einige Damen spazierengehen. Wenn Sie sich nun vorstellen, daß diese Damen gleich mit einem Ruderboot auf den See hinauspaddeln und Jeans tragen, damit Sie sich auch dreckig machen können, kommen Sie auf Sisley.

Bild 17

Das siebzehnte Bild ist von Morisot. Es zeigt einen Jungen und ein Mädchen. Stellen Sie sich vor, sie spielten im Moor, Moor für Morisot.

Bild 18

Dieses Gemälde ist von Cals. Es zeigt eine Mutter und ihr Kind, die im Wald auf dem Boden sitzen. Obwohl es Sommer ist, sollten sie bald wieder aufstehen, denn sonst wird es zu kalt von unten.

Bild 19

Das nächste Bild ist von Gonzalès. Sie sehen darauf eine elegant gekleidete Dame und einen ebenso elegant gekleideten Herrn. Sie hält eine Art Feldstecher in der Hand, das scheint in einer Oper zu sein. Nun stellen Sie sich vor, sie beißt in diesen Feldstecher hinein, denn er riecht nach Gorgonzola. Was für ein lustiges Bild!

Bild 20

Das letzte Bild der zweiten Zehnergruppe ist von Vidal. Die Frau darauf scheint zu tanzen und sehr lebhaft zu sein. Schon haben Sie das Bild: »la vie« für das Leben, Vidal.

Jetzt sollten Sie die letzten zehn Bilder betrachten und sich überlegen, ob Sie auf die Namen der dazugehörigen Maler kommen. Wenn nicht, lesen Sie die letzten Absätze bitte noch einmal. Und wenn Sie auch diese zehn Bilder können, dann vergleichen Sie noch mal die ersten zehn und schauen Sie, ob Sie vielleicht von diesen zwanzig Bildern mindestens 18 oder 19 richtig benennen können. Wenn ja, können Sie weiterlesen.

Ich gratuliere, Sie haben nun schon zwei Drittel der Übung geschafft.

Bild 21

Dieses Gemälde ist von Bracquemond. Für ihn haben wir als Wortbild eine Baracke im Mond gesehen. Und wenn ich jetzt das Gemälde mit diesen drei Menschen anschaue, stelle ich mir vor, sie werden später im Mondschein in einer Baracke ein Schlückchen trinken.

Bild 22

Das nächste Bild ist von Stevens. Dabei denken wir ja an Cat Stevens. Wie kann ich jetzt Cat Stevens und die Mutter mit ihrem Kind auf dem Gemälde verknüpfen? Hier müßten Sie vielleicht Ihr Wortbild modifizieren. Wenn Sie »Stevens« zum Beispiel mit »Stiefel« assoziieren, könnten Sie sich vorstellen, daß das Kind unter dem Kleid Stiefel trägt, das reicht. Da ist Phantasie gefragt, aber darum geht es. Ich möchte Sie dazu bringen, in schrägen Bildern zu denken.

Bild 23

Das nächste Gemälde ist von Lépine. Und Lépine war bei uns die Leber auf der Pinie. Ich stelle mir vor, in dem Haus rechts auf dem Bild wird Leber gegessen und vis-à-vis befindet sich eine Pinie.

Bild 24

Rouart, das war das Ruder mit einem kunstvollen Gemälde darauf für »art«. Auf dem Bild hier ist eine Frau abgebildet, die am Geländer steht und über die Terrasse schaut; vorn ist noch eine andere Frau zu sehen mit einem Sonnenschirm. Stellen Sie sich vor, die Frau am

Geländer sieht aufs Wasser hinunter und schaut einem Ruderer zu, der kunstvoll rudert, Rouart.

Bild 25

Dieses Bild hat Paul Victor Vignon gemalt. Ich stelle mir vor, daß ich die beiden Personen auf dem Bild, die da die Straße hochkommen, um eine Spende bitte und sie antworten: »Nein, du Wicht.« Französisch: »non«, Vignon.

Bild 26

Das nächste Bild stammt von einem berühmten Maler, Gauguin, den kennen wir natürlich alle. Als Wortbild haben wir uns die Geige ausgesucht. Wenn ich mir nun vorstelle, die Frau auf dem Bild kann Geige spielen, dann habe ich bereits genügend Informationen, damit mein Gehirn den Namen Gauguin diesem Bild zuordnen kann.

Bild 27

Für Raffaelli haben wir ein Gemälde mit einer Winterszene. Die Frau vorne trägt einen bauschigen blau-grauen Rock. Jetzt stelle ich mir vor, daß sie ihn hochraffen muß, wenn sie schnell laufen will. Damit habe ich »raffen« mit dem Gemälde verbunden, raffen für Raffaelli.

Bild 28

Toulouse-Lautrec ist für uns ja entweder Paris, Montmartre oder die Stadt Toulouse. Wenn Sie sich nun diesen Herrn mit Zylinder anschauen, dann könnte er gut auf dem Weg nach Montmarte sein. Dort paßt er hin. Das wäre eine Möglichkeit.

Bild 29

Dann habe ich noch ein Bild von Tissot im Angebot. Darauf sehen Sie eine elegante Dame mit roter Bluse und schwarzem Rock. Am Handgelenk, unter der Bluse leicht verborgen, trägt sie eine Tissot-Uhr.

Bild 30

Das letzte der dreißig Bilder ist von Signac. Es zeigt Schiffe in einem Hafen. Die können natürlich erst auslaufen, wenn sie das entsprechende Signal erhalten haben. Signal für Signac.

EMPFEHLUNG

Der Praxistest

Wenn Sie das nächste Mal ins Museum gehen, probieren Sie die Methode aus! Ich versuche, mir bei jedem Ausstellungsbesuch mindestens dreißig, vierzig neue Künstlernamen und Bilder einzuprägen. Das heißt, ich trainiere mein Gedächtnis und habe damit mehr von der Ausstellung. Ich kann danach von Bildern reden, die ich vorher nicht kannte, nur weil ich mich während der Ausstellung angestrengt habe. Ich wünsche Ihnen dabei viel Vergnügen!

Jetzt üben Sie bitte diese zehn Bilder und ihre Namen. Wenn Sie sie beherrschen, wiederholen Sie einfach alle dreißig noch einmal.

Und dann spielen Sie mit den Bildern! Wenn Sie sich nun zum Beispiel das Bild von Ingres anschauen, achten Sie dann auf das Federbüschel in der Hand der Frau? Oder wenn Sie den Namen Turner hören, kommt Ihnen dann geistig diese dunstartige Eisenbahn entgegen? Dieses Bild, das man eigentlich drehen kann und es sieht fast gleich aus? Oder wenn Sie Rouart hören, sehen Sie dann diese Frau, die auf den Fluß hinunterschaut?

Das wird spannend werden, denn Sie werden tatsächlich fast immer das Bild vor Augen haben, um das es geht, und sagen können: Das kenne ich! Spielen Sie ein wenig mit diesen Bildern und Namen, bis Sie sie alle beherrschen.

Zum Abschluß eine Liste mit den vollständigen Namen der Maler, um die es hier ging. Vielleicht möchten Sie auch noch deren Vornamen lernen? Pierre-Auguste Renoir, Claude Monet, Edgar Degas, Jean Auguste Dominique Ingres, Eugène Delacroix, John Constable, Joseph Mallord William Turner, Théodore Rousseau, Jean François Millet, Gustave Courbet, Édouard Manet, Henri Fantin-Latour, Jean-Frédéric Bazille, Camille Pissarro, Paul Cézanne, Alfred Sisley, Berthe Morisot, Adolphe-Félix Cals, Eva Gonzalès, Eugène Vidal, Marie Bracquemond, Alfred George Stevens, Stanislas Lépine, Henri Rouart, Paul-Victor Vignon, Paul Gauguin, Jean-François Rafaelli, Henri Toulouse-Lautrec, James Tissot, Paul Signac.

Die letzten zehn amerikanischen Präsidenten in fünf Minuten lernen

Nehmen wir einmal an, Sie hätten den Wunsch zu wissen, wer die Vereinigten Staaten von Amerika seit 1953 regiert hat. Es geht also um die Namen der letzten zehn Präsidenten, die Ihnen ja alle mehr oder weniger bekannt sein dürften, wenn Sie dreißig oder älter sind. Sind Sie jünger, wird es schon etwas schwieriger. Wir haben nun also eine Übung vor uns, bei der wir zehn Namen in einer bestimmten Reihenfolge lernen wollen, darunter sind bekannte und weniger bekannte Namen. Ich werde diese Übung auf Personen ausrichten, die eher älter als dreißig Jahre sind; für einen zwölfjährigen Schüler müßte sie etwas modifiziert werden.

Sie werden auch bemerken, daß wir bei dieser Übung einen anderen Weg verfolgen als beim Verknüpfen der Gesichter mit Namen. Denn wenn ich einen Menschen kennenlernen und wissen möchte, wie er heißt, dann will ich mir diesen Namen unabhängig davon merken, wen ich davor oder danach getroffen habe, oder anders gesagt, es geht nicht um eine bestimmte Reihenfolge von Namen. Das ist auch bei einem Lehrer so, der sich die Namen seiner Schüler merken muß. Wenn er sie mit ihrem Platz im Klassenzimmer mental verknüpft, bekommt er ein Problem, wenn die Schüler auf dem Pausenhof herumtoben und er sie beim Namen ansprechen möchte. Bei allen Memory-Etappen, die wir in diesem Buch durchgegangen sind, haben wir die Information in etwas hineinprojiziert, zum Beispiel in das Gesicht oder die Kleidung eines Menschen und bei den Malern wie Gauguin, Cézanne oder Sisley zum Beispiel in ihre Gemälde.

Mit der folgenden Übung möchten wir etwas anderes erreichen. Wir wollen die Namen in der Reihenfolge, in der sie in der Geschichte eine Rolle gespielt haben, lernen, und zwar möglichst durchnumeriert, so daß wir sagen können: Der zehntletzte Präsident der Vereinigten Staaten war ..., der neuntletzte hieß ..., der siebtletzte war ... Und ich würde diese Information gern im Kopf abrufen können, ohne daß ich dabei einen Merkzettel in der Hand halten muß. Das heißt, nach dieser Übung werden Sie die Namen auch mit geschlossenen Augen und in der richtigen Reihenfolge aufsagen können.

Das können Sie zum Beispiel nicht, wenn Sie zwanzig Leute kennenlernen, sich sehr wohl deren Namen merken können, mit Hilfe der Technik, die wir in einem früheren Kapitel gelernt haben, aber den Namen nur abrufen können, wenn Sie das Gesicht dazu sehen. Sie sind jedoch kaum in der Lage, die Namen aller dreißig Menschen im Kopf aufzurufen in der Reihenfolge, in der Sie sie kennengelernt haben. Das sind also zwei verschiedene Paar Schuhe.

Die Reihenfolge

Um uns die Namen in ihrer Reihenfolge zu merken, bedienen wir uns eines mentalen Briefkastens, und zwar der Badezimmerliste.

Es beginnt wieder mit der Badewanne, dann kommt der Duschschlauch, der Schwamm, die Seife, Badetücher, Badeschrank, das Waschbecken ist die 7 in dieser Gruppe, dann kommen Rasierapparat, Zahnbürste und die Toilette.

Diese Badezimmerliste belege ich nun mit den Präsidentennamen. Ich »sehe« also den ersten Namen auf der Badewanne, Eisenhower. Als Verknüpfung stelle ich mir vor: Die Badewanne ist aus Eisen, und ich haue darauf.

Als zweites schauen Sie sich in Gedanken den Duschschlauch an,

GUT ZU WISSEN

Fünf Minuten

Das Präsidentennamen-Lernen gehört zu einer der spannendsten Übungen in meinem Seminar, denn sie führt schnell zum Erfolg und hat einen großen Lerneffekt. Diese Übung symbolisiert sehr gut, wie man abstrakte Informationen mit Symbolen darstellen kann. Und man sieht, daß sich diese Information dann im Kopf jederzeit blind wieder abrufen läßt, ohne daß man ein Gesicht oder etwas anderes vor sich haben muß.

und völlig verwundert fragen Sie den Duschschlauch: »Kenn i di?«, Kennedy. Das ist ein wunderbares Wortspiel aus der Mundart für »Kenne ich dich« und dem Präsidentennamen »Kennedy«, der identisch klingt, und löst in meinen Seminaren immer große Lachsalven aus, bevor begriffen wird, daß man ruhig solche Bilder nehmen kann!

Für den nächsten Namen müßte ich Sie fragen, ob Sie noch die Beatles kennen, und, wenn ja, ob Sie auch wissen, wie Lennon mit Vornamen hieß? John. Also stellen Sie sich vor, auf dem Schwamm sitzt der verstorbene John Lennon mit seinem Sohn, John-Son, Johnson.

Und beim nächsten Namen sehe ich eine Seife, und auf der Seife sitzt eine Nixe mit ihrem Fischschwanz, das ist Präsident Nixon.

Auf dem Handtuch steht ein kleines Auto, vielleicht ein Ford Mustang, das ist nämlich der Präsident Ford.

Nun haben wir die ersten fünf Präsidentennamen mit unserer Badezimmerliste verknüpft und wiederholen sie noch einmal:

Badewanne – Eisenhower
Duschschlauch – Kennedy
Duschschwamm – Johnson
Seife – Nixon
Handtuch – Ford

Dann gehen wir zu den nächsten fünf Namen über. Im Medizinschrank sitzt ein Kater, Präsident Carter.

Im Waschbecken regnet es, Reagan. Sie sehen, wie wenig Information Ihr Gedächtnis braucht, wenn es eine relativ bekannte Information ablegt. Da reicht der Regen völlig, um »Reagan« abzulegen.

Dann sehen Sie einen Rasierapparat, mit dem rasieren Sie vielleicht einen Bush.

Und die Zahnbürste gehört vielleicht der Monica Lewinsky. Aha!

Die meisten lachen jetzt vielleicht, so wie bei mir im Seminar mal einer sagte: »Ich sehe zwar noch die Lewinsky, aber wie hieß denn eigentlich der Präsident?« Dann nehmen Sie doch einfach die Zahnbürste und klopfen damit auf irgend etwas, dann erklingt ein Ton, Clinton.

Und dann setzen Sie auf den Spülkasten der Toilette noch den George W. Bush und schon haben Sie die zehn Präsidenten beieinander.

Und noch einmal die Kurzfassung:

Medizinschrank – Carter
Waschbecken – Reagan
Rasierapparat – Bush
Zahnbürste – Clinton
Toilette – George W. Bush

Nun nehmen Sie ein Blatt Papier, schreiben Sie die Nummern 1 bis 10 darauf und gehen Sie mal die zehn Präsidenten durch. Wenn Sie anfangs noch Fehler machen, können Sie ohne weiteres noch einmal zum Buch zurückgehen und nachlesen.

Wie man Opern und Komponisten lernt

Ich möchte, daß Sie die folgende Geschichte lesen, sie dann noch einmal lesen und daß Sie dann versuchen, so viele Stichwörter wie möglich zu dieser Geschichte auf ein Blatt Papier zu schreiben. Sie werden sehen, daß viele Informationen bereits nach zweimaligem Lesen haftengeblieben sind. Gehen Sie nicht davon aus, daß Sie die ganze Geschichte erzählen können, sondern vielleicht 60 bis 90 Prozent erinnern, und geben Sie sich damit zufrieden. Ich werde Ihnen dann die vollständige Geschichte noch einmal präsentieren, und dann werden Sie sehen, was Sie gelernt haben.

Ich empfehle Ihnen, nur die Seite zu lesen, die Sie vor sich haben, und nicht weiterzublättern, um zu schauen, was noch kommt, also zu spicken, um welchen Lerninhalt es geht. So macht es einfach mehr Spaß.

Entspannen Sie sich, und lesen Sie die folgenden Zeilen, die Geschichte vom Heuwagen.

Die Geschichte vom Heuwagen

Es war einmal ein Heuwagen. Der wurde von einem Roß gezogen. Auf dem Roß saß der Komponist Mozart, und er hatte einen grünen Pullover an. Der Pullover war gewoben, nicht gehäkelt oder gestrickt. In seiner rechten Hand hielt er einen Blumenstrauß und in seiner linken Hand einen Bierhumpen. Dieser Humpen war gefüllt mit Punsch. Weil er den Humpen so lange stemmen mußte, bekam er einen ausgeprägten Bizeps. Aufgrund dieses Bizeps wurde er zu einem englischen Lord gekürt. Weil er jetzt Geld hatte, kaufte er sich einen großen Hund, einen Bernhardiner.

Hier noch einmal die Geschichte:

Ein Heuwagen wird von einem Roß gezogen. Auf dem Roß sitzt der Mozart im grünen Pullover. Der Pullover ist gewoben. In seiner rechten Hand hält Mozart einen Blumenstrauß, in seiner linken Hand einen Bierhumpen mit Punsch. Weil er den Humpen so lange stemmen muß, kriegt er einen ausgeprägten Bizeps und wird zu einem englischen Lord gekürt. Von dem Geld kauft er sich einen Bernhardiner.

Jetzt nehmen Sie bitte ein Blatt und schreiben Sie möglichst viele Stichworte aus dieser Geschichte in der richtigen Reihenfolge auf. Schauen Sie so lange im Buch nach, bis Sie die Geschichte mit den Stichpunkten zusammengefaßt haben. Tun Sie das jetzt und kommen Sie dann zum Buch zurück.

Aber die Geschichte ist noch nicht zu Ende. Ich werde Ihnen jetzt noch ein paar zusätzliche Informationen zu den einzelnen Teilen dieser Geschichte geben:

Nehmen wir mal das Roß, das vor den Heuwagen gespannt ist. Es wird begleitet von dem Schweizer Nationalhelden, dem Schillerschen Knaben Wilhelm Tell. Der hat auf seiner Schulter einen Vogel. Dieser Vogel hat unserem Wilhelm Tell doch tatsächlich die Armbrust geklaut! Jetzt sehen wir, wie dieser Vogel mit der Armbrust in einen See fliegt, um sich dort die Federn von einem Barbier schneiden zu lassen.

Die zweite Ergänzung betrifft Mozart. Stellen Sie sich vor, Mozart spielt auf einer Flöte bei einer Hochzeit. Die Hochzeit findet in einem Dom statt, wo auch John Cartwright von der Ponderosa-Ranch aus der Fernsehserie *Bonanza* teilnimmt. Dieser wird in einen See entführt, um den eine elektrische Eisenbahn fährt.

Jetzt gehen wir zu dem Teil der Geschichte mit dem grünen Pullover, der gewoben ist und nicht gehäkelt. Vielleicht sehen Sie da ein Schützenzeichen für all das, was er in seiner Freizeit geschossen hat. Und wenn Sie seinen Blumenstrauß betrachten, dann sehen Sie vielleicht, daß das nicht irgendwelche Blumen sind, sondern Rosen. Und die Rosenblätter sind geschnitzte Salamischeiben, in denen eine Glühbirne ist, so daß man sie abends leuchten sehen kann.

Wiederholen wir mal bis dahin:

Das Roß und Wilhelm Tell mit dem Vogel, der ihm die Armbrust geklaut hat und damit in einen See hineinfliegt, um sich dort die Federn von einem Barbier schneiden zu lassen.

Mozart spielt auf einer Flöte bei einer Hochzeit in einem Dom, aus dem John Cartwright in einen See entführt wird, um den eine elektrische Eisenbahn fährt.

Jetzt sehen Sie den grünen gewobenen Pullover mit Schützenzeichen für das, was er in der Freizeit geschossen hat, und seinen Blumenstrauß aus Rosen, dessen Rosenblätter sind geschnitzte Salamischeiben, und in ihnen ist eine Glühbirne.

Gehen wir dann weiter, sehen wir, daß der Humpen aus Lebkuchen gemacht ist. Und wenn Sie vielleicht sagen, da ist Punsch drin, dann fragen Sie sich doch auch, wo trinken wir Punsch? Den trinken wir nämlich in Florenz. Und wenn sie in Florenz auf der Piazza della Signorina stehen, dann schauen Sie vielleicht in den Himmel und sehen einen Schmetterling herumfliegen, am Boden liegt eine große Schlange, eine Boa, die den Wunsch hat, diesen Schmetterling zu schnappen, vor lauter Hemmungen aber schleicht sie auf diesen Turm, der da hinten auf diesem Platz steht, in dem sie keine Glokken findet, sondern lauter Ananas hängen, und die Klöpfel der Ananas sind Eidotter.

Vielleicht schauen wir uns jetzt

noch den Bizeps an und stellen uns vor, auf dem Bizeps tanzt eine spanische Tänzerin mit Castagnetten.

Und wenn Sie sagen, Mozart wird zum Lord gekürt, dann stellen Sie sich auch noch vor, daß auf dieser Zeremonie der russische Zar dabei ist; vielleicht stellen Sie sich zu dem Zaren auch noch Jesus vor.

Vielleicht essen die dann zum Schluß beim Festmahl ein Wildbret, was sie selbst geschossen haben.

Wenn Sie dann noch den Bernhardiner betrachten, ist das ein fröhlicher Hund. Er ist fidel, er ist nicht traurig.

Jetzt würde ich Sie bitten, all diese Geschichten, die ich Ihnen erzählt habe, in Gedanken zu wiederholen. Denken Sie an das Roß und Wilhelm Tell mit dem Vogel und dem See und dem Barbier, an Mozart und die Flöte, die er im Dom spielt, und John Cartwright, den See und die elektrische Eisenbahn. Kommen Sie dann wieder auf dieses Schützenabzeichen, das er in der Freizeit geschossen hat. Denken sie an den Bizeps, Sie müßten da jetzt die spanische Tänzerin

GUT ZU WISSEN

Viele Informationen

Sobald wir eine Geschichte haben, können wir ohne Probleme zusätzliche Informationen einflechten. Verknüpfungen zu den Opern oder Komponisten lassen sich ganz leicht herstellen und dann auch nachvollziehen.

sehen. Denken Sie an den Humpen, der ist aus Lebkuchen. Wenn Sie an den Mozart denken, dann spielt der Flöte, und so weiter.

Wenn Sie merken, daß Sie die Geschichte nicht perfekt behalten haben, dann lesen Sie im Buch noch mal nach, bis Sie die Geschichte richtig gut drauf haben.

Also üben Sie jetzt so lange, bis Sie diese Geschichte beherrschen, und kommen Sie dann zum Text zurück.

Das waren doch immerhin elf Komponisten, die namhafte Opern komponiert haben, und einigen von ihnen haben wir sogar die entsprechenden Opern zugeordnet, und zwar zwanzig Stück.

Die Opernkomponisten, die wir nun gelernt haben, und ihre Bilder waren:

Wagner – der Heuwagen
Rossini – das Roß
Mozart – er selbst
Verdi – grün
Weber – gewoben
Strauss – der Blumenstrauß
Humperdinck – der Humpen
Puccini – der Punsch
Bizet – der Bizeps
Lortzing – der Lord
Beethoven – der Bernhardiner

Bei Lortzing stellen Sie sich einfach vor, der Lord wird mit einem Zinnschwert zum Lord geschlagen, dann ergibt das Lortzing, und Sie haben das Problem elegant gelöst.

Bernhardiner für Beethoven, weil in dem Film *Ein Hund namens Beethoven* ein Bernhardiner mitgespielt hat, zwei für Beethoven.

Schreiben Sie nun die elf Komponisten in der Reihenfolge auf ein Blatt Papier, wie Sie sie im Kopf haben, geben Sie sich zwei, drei Chancen, dann kommen Sie zurück zum Buch.

Jetzt fehlt noch die Auflösung zu den Opern. Bis auf die Wagner- und Verdi-Opern, die dürfen Sie dann selbst probieren, da gebe ich Ihnen nur die Namen und nicht die entsprechenden Bilder dazu.

Bei Rossini ging es um die Oper »Wilhelm Tell«. Die diebische Elster war das Symbol für diesen Vogel, der ihm die Armbrust klaut, der zu dem See fliegt und sich die Federn frisieren läßt von einem Barbier. Das war der »Barbier von Sevilla«.

Bei Mozart war es die »Zauberflöte«. Die Hochzeit war »Figaros Hochzeit«. Im Dom mit John Cartwright von der Ponderosa-Ranch steht für »Don Giovanni« und die »Entführung aus dem Serail«. Der wird dann entführt aus dem Dom zum See mit »rail«, das heißt ja im Englischen »Eisenbahn«.

Von Weber war es der »Freischütz«, das Schützenabzeichen für alles, was er in seiner Freizeit geschossen hat.

Bei Richard Strauss sehen Sie die Rosen, das ist »Der Rosenkava-

lier«. Die Salamischeiben sind »Salomé«, die Glühbirne ist »Elektra«.

Der Humpen war aus Lebkuchen, steht also für Humperdincks Oper »Hänsel und Gretel«.

Zu Puccini gab es auch eine schöne Geschichte. Da haben wir Punsch in Florenz in der Toscana getrunken, also »Tosca«. Die Schmetterlingsgeschichte im Himmel ist »Madame Butterfly«. Die Boa, die Hemmungen hat, ist »La Bohème«. Der Turm, die Ananas und das Eidotter sind »Turandot«. Ein so komplexes Wort, wenn man es nicht kennt, kann man also sehr elegant mit Hilfe von drei Silben in ein vorstellbares Bild verwandeln.

Der Bizeps mit der spanischen Tänzerin darauf ist »Carmen« von Bizet. Und der Lord hatte bei der Zeremonie den Zaren und Jesus, der ein Zimmermann war, bei sich, also »Zar und Zimmermann«. Und das Wildbret, was sie selber geschossen haben, war der »Wildschütz«.

Und der Beethoven, der Hund ist fidel, steht natürlich für »Fidelio«.

Nun nehmen Sie sich Zeit, um zu den entsprechenden Namen die Opern zu schreiben, und denken Sie sich dann für die zehn Wagner- und acht Verdi-Opern jeweils eine eigene Geschichte aus, einfach damit Sie es einmal selbst geübt haben. Tun Sie das jetzt und kommen Sie dann zum Buch zurück.

Informationen im LANGZEITGEDÄCHTNIS speichern

Eine der wichtigsten Fragen beim Lernen lautet: Was muß ich tun, damit ich dieses Wissen auch langfristig abrufbar halte? Darauf habe ich eine eindeutige Antwort: üben. Doch wann, wie oft und mit welchen Hilfsmitteln? Es gibt eine relativ einfache Faustregel, die Ihnen sagt, in welchem Umfang Sie das Gelernte wiederholen müssen.

>>

Wenn Sie etwas lernen, wird es in der Regel zuerst einmal im Kurzzeitgedächtnis abgespeichert. Dort ist es etwa einen Tag lang verfügbar. Wenn Sie zum Beispiel einen Witz hören, wie den von Sherlock Holmes oder den von Bär, Hase und Fuchs, dann können Sie ihn am nächsten Tag noch erzählen. Das heißt, Sie werden vor der Toilette noch das Bärenfell sehen und vielleicht für die anderen Witze im Waschbecken die drei Bierflaschen und auf der Zahnbürste die Schafe.

Sollten Sie sich entscheiden, sich einen Witz länger merken zu wollen, dann schreiben Sie ihn entweder auf oder wiederholen Sie ihn. Es gibt gewisse Informationen, bei denen sich das Wiederholen auf jeden Fall lohnt, zum Beispiel wenn Sie Kinder haben, die französische Wörter lernen müssen, die natürlich ins Langzeitgedächtnis wandern sollen, sonst macht das wenig Sinn. Gewisse Dinge hingegen benötigen Sie nur einen Tag lang, wie zum Beispiel eine Einkaufsliste oder die Stichpunkte einer Rede, die Sie morgen halten, die darf dann schon übermorgen vergessen sein. Es kommt wirklich darauf an, was Sie wollen.

Sollten Sie entscheiden, daß eine Information wichtig genug ist, daß sie ins Langzeitgedächtnis gehört, dann müssen Sie sie innerhalb der nächsten vierundzwanzig Stunden mindestens ein Mal wiederholen. Wiederholen heißt: Sie müssen die Information auswendig hersagen können. Wenn Sie das nicht können, dann haben Sie sie nicht wirklich gelernt und müssen sie noch einmal neu lernen. Falls Sie sie beim Wiederholen aber bereits richtig wiedergeben können, dann hält die Information in der Regel drei Tage.

Dann müssen Sie in etwa die nächsten sieben Tage sechs Mal diese Information üben. Das darf mal drei Tage dauern, das darf auch mal drei Wochen dauern. Das Schlimmste, was Ihnen passieren kann, ist, daß Sie noch mal nachschauen müssen, wenn Sie zu lange gewartet haben. Also sechs Wiederholungen, verteilt über eine Woche oder noch länger, wären eine gute Faustregel.

Aber wenn Sie mit diesen Techniken üben, brauchen Sie sie nur noch sechs Mal in der Woche zu wiederholen, im Gegensatz zu allem visuell oder akustisch Gelernten, denn da brauchen Sie in der Regel dreißig Wiederholungen, was viel anstrengender ist.

Die Lernkartei

Hilfreich kann es sein, eine sogenannte Lernkartei zu benutzen. Dann brauchen Sie den Wiederholungsrhythmus nicht immer wieder zu überdenken. Damit haben Sie eine Lernkartei mit sechs Fächern, und wenn Sie etwas gelernt haben, legen Sie es ins erste Fach, und wenn Sie es vielleicht morgen öffnen, dann sehen Sie anhand der Karteikarte, ob Sie die fünf Witze von gestern noch können, und wenn das der Fall ist, dann können sie diese Karteikarte eine Etage weiter nach hinten schieben, da bleibt sie liegen. Alle, die bei der Wiederholung in Ordnung waren, kann man weiterschieben, und die falschen tut man halt wieder ins erste Fach.

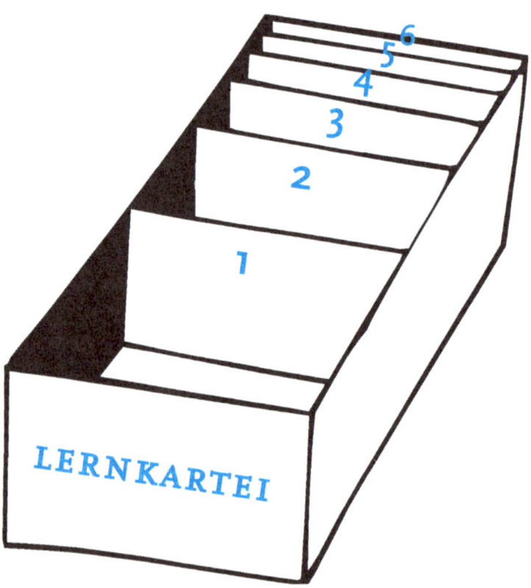

Bei der Lernkartei schieben Sie immer das, was Sie wissen, ein Fach weiter.

Solch eine Lernkartei ist dann sehr hilfreich, wenn Sie sehr viele Informationen langfristig behalten müssen. Bei mir sieht es etwas anders aus. Wenn ich etwas langfristig behalten will, zum Beispiel die Namen einer Gruppe mit dreißig, vierzig Menschen, die ich in einer Sitzung kennengelernt habe und von denen ich weiß, die sehe ich in einem Jahr wieder. Dann lege ich diese Namensliste einfach in meine Agenda, und wenn ich dann mal irgendwo im

Stau stehe oder vielleicht beim Abendessen oder in der Werbepause beim Fernsehen kurz Zeit habe, dann kann ich mir schnell mal die Namensliste vor Augen führen und kann so natürlich sehr elegant diese sechs Wiederholungen erledigen, ohne daß ich eine Lernkartei mit mir herumschleppen muß. Denn es ist so, daß relativ wenige Informationen tatsächlich ins Langzeitgedächtnis wandern. Spannend wäre natürlich auch, wenn Sie einmal alle amerikanischen Präsidenten auswendig lernen, sich nicht nur die letzten zehn merken. Da wäre es natürlich sinnvoll, daß Sie sie im Langzeitgedächtnis speichern.

Schreiten Sie zur Tat

Obwohl Sie nun schon sehr weit vorangekommen sind mit der Memo-Technik, dürfen Sie nicht aufhören zu üben, es sein denn, Sie haben nun die Fähigkeiten erlernt, sich all das zu merken, das Sie sonst immer vergessen haben.

Doch wer weiter lernen und üben möchte, kann dafür Unterstützung bekommen. Ich habe eine CD-Sammlung entwickelt, die beim Üben sehr hilfreich ist. Ich mache Ihnen jetzt folgenden Vorschlag: Sollten Sie sich dafür entscheiden, mit der CD-Sammlung weiterzuüben, dann gebe ich Ihnen jetzt ein Geheimwort, was Sie bei der Bestellung über meine Homepage angeben, und so kriegen Sie dann automatisch 100,– Euro Rabatt, und ich kann gleichzeitig kontrollieren, ob Sie mein Buch tatsächlich gelesen haben, denn sonst kommen Sie gar nicht auf das Geheimwort. Ich bin dann bereit, Ihnen diesen Rabatt zu geben, weil es mir zeigt, daß Sie sich schon relativ viel an Wissen mit Hilfe dieses Buches angeeignet haben. Also besuchen Sie meine Homepage www.gregorstaub.com, und klicken Sie auf die CD-Sammlung (diese 12 CDs und Buch kosten normalerweise 245,– Euro), und schreiben Sie unten bei »Begründung« hin: »Habe Ihr Buch gelesen mit dem Geheimwort: Ullstein Verlag.« Sobald ich Ullstein Verlag lese, weiß ich, Sie haben das Buch gelesen, und Sie bekommen von mir automatisch eine Rechnung über nur 145,– Euro zzgl. Porto zugeschickt. Die Päckchen werden ausgeliefert mit Rechnung und Kurier.

Ich danke Ihnen herzlich fürs Lesen und Durcharbeiten dieses Buches. Ich hoffe, Sie hatten ebenso viel Spaß beim Arbeiten wie ich beim Schreiben, und wünsche Ihnen für Ihr Leben alles Gute. Vielleicht treffen wir uns ja mal. Fragen können Sie stellen unter meiner persönlichen Telefonnummer: 0041/432 668 000. Ich rufe in der Regel innerhalb eines Tages zurück.

Ihr
Gregor Staub

Sachwortverzeichnis

Literaturhinweise

Birkenbihl, Vera F.: *Positives Denken von A bis Z,* MVG: Frankfurt a. M. 2001
Birkenbihl, Vera F.: *Stroh im Kopf? Vom Gehirn-Besitzer zum Gehirn-Benutzer,* MVG: Frankfurt a. M. 2004
Buzan, Tony: *Speed Reading,* MVG: Frankfurt a. M. 2003
Buzan, Tony und Barry Buzan: *Das Mind-Map-Buch,* MVG: Frankfurt a. M. 2002
Buzan, Tony und Vanda North: *Mind Mapping. Der Schlüssel zu deinem Lernerfolg,* öbv&hpt: Wien 1997
Buzan, Tony und Vanda North: *Business Mind Mapping,* Ueberreuther Wirtschaft: Frankfurt a. M. 2002
Feichtenberg, Claudia und Susanne Wechdorn: *Mind Mapping für Kinder,* öbv&hpt: Wien 1997
Scheele, Paul R.: *PhotoReading,* Junfermann: Paderborn 2001

Wichtiger Hinweis
Die Ratschläge in diesem Buch sind vom Autor und dem Verlag sorgfältig erwogen und geprüft. Sie bieten jedoch keinen Ersatz für kompetenten medizinischen Rat. Jede Leserin und jeder Leser ist für sein eigenes Handeln selbst verantwortlich. Alle Angaben in diesem Buch erfolgen daher ohne jegliche Gewährleistung oder Garantie seitens des Verlages oder des Autors. Eine Haftung des Autors bzw. des Verlages und seiner Beauftragten für Personen-, Sach- und Vermögensschäden ist ausgeschlossen.

Bildnachweis
Artothek 111 oben, 112 oben, 115 oben, 118; Bildarchiv Preußischer Kulturbesitz 105, 106, 107, 108, 109, 110, 111 unten, 112 unten, 113, 114, 115 unten, 116, 117, 119, 120; Frank Boxler 144; brand pictures 25; Corbis 86, 87; Rainer Fischer 76, 77; Fotosearch 129; Getty images 8, 63, 68; imagesource 48, 78; Wolfgang Schedler 62, 70, 138; Gregor Staub 144; zefa 11, 14, 28, 66

1. Auflage 2005
Econ ist ein Verlag der Ullstein Buchverlage GmbH
ISBN 3-430-18753-2

Umschlaggestaltung: init, Büro für Gestaltung, Bielefeld
Layout: Katharina Schweissguth
Gesetzt aus der Scala Serif und Scala Sans
bei LVD GmbH, Berlin
Redaktion: Margret Plath
Druck und Bindung: Druckerei Uhl, Radolfzell
Printed in Germany

Gregor Staub, Jahrgang 1954, zählt zu den erfolgreichsten Gedächtnistrainern Europas. 1990 gründete er seine Firma Mega Memory. Zu seinen Kunden zählen namhafte Unternehmen und Organisationen. Seine Seminare wurden von mehr als 250 000 Teilnehmern absolviert. Die Lust an der Methode und die Freude am Kennenlernen von Menschen motivieren Gregor Staub, der seine Zuhörer immer wieder begeistern kann. www.megamemory.ch

Dr. Ulrich Strunz, Jahrgang 1943, Internist und Orthomolekularmediziner, entwickelte das »Forever-Young-Erfolgsprogramm« für geistige und körperliche Höchstleistung. Über zwei Millionen »Forever-Young«-Bücher wurden schon verkauft. Er gehört in seiner Altersklasse zur Weltspitze der Ultra-Triathleten. In Vorträgen und Seminaren begeistert er Jahr für Jahr Zehntausende von Menschen – und führt sie in ein neues, gesundes Leben. www.strunz.com